広布共戦の師弟旅

池田大作

目次

一、本書は、「大白蓮華」に掲載された「世界を照らす太陽の仏法」（二
〇二〇年十月号、十二月号、二〇二一年九月号、一月号、十月号＝
本書収録順）を一部加筆し、『広布共戦の師弟旅』として収録した。
一、御書の引用は、『日蓮大聖人御書全集　新版』（創価学会版）に基
づき、ページ数は（新〇〇ページ）と示した。『日蓮大聖人御書全集』（創
価学会版、第二七八刷）のページ数は（全〇〇ページ）と示した。
一、法華経の引用は、『妙法蓮華経並開結』（創価学会版、第二版）に基
づき（法華経〇〇ページ）と示した。
一、肩書、名称、時節等については、掲載時のままにした。
一、説明が必要と思われる語句には、〈注〇〉を付け、編末に「注解」
を設けた。

——編集部

ブックデザイン　地代紀子

師弟《してい》に生《い》き抜《ぬ》け　地涌《じゆ》の誓願《せいがん》に生《い》き切《き》れ

「新《あたら》しき世紀《せいき》を創《つく》るものは、青年の熱《ねつ》と力《ちから》である」〈注1〉

恩師《おんし》・戸田城聖《じょうせい》先生の絶対《ぜったい》の信頼《しんらい》です。

一九六〇年（昭和三十五年）の十月二日、先生直伝《じきでん》の「熱《ねつ》」と「力《ちから》」を携《たずさ》え、私は戸田門下《もんか》の一人の青年として、世界《せかい》広宣流布への遠征《えんせい》を開始《かいし》しました。会長就任《しゅうにん》の五カ月後でもあり、海外訪問《かいがいほうもん》は時期尚早《じきしょうそう》では、という周囲《しゅうい》の声《こえ》もありました。

しかし、恩師《おんし》から託《たく》された世界《せかい》広布の構想《こうそう》を実現《じつげん》していくには、日本と海外《かいがい》が同時《どうじ》に前進《ぜんしん》する以外《いがい》ない。その信念《しんねん》に立《た》って、私は上着《うわぎ》の内《うち》ポケットに恩師《おんし》の写真《しゃしん》を抱《いだ》いて出発《しゅっぱつ》しました。

初訪問《はつほうもん》した北南米《ほくなんべい》で、各地《かくち》に地区や支部、そして総支部を結成《けっせい》したのも、創価の師弟直結《していちょっけつ》の広布の組織《そしき》を各大陸《かくたいりく》に築《きず》いていくのだとの一念《いちねん》でした。常《つね》に胸中《きょうちゅう》の戸田先生と対話《たいわ》しながら世界《せかい》広布の旅《たび》を続《つづ》け、一つ一つ布石《ふせき》をしてきたのです。

地涌《じゆ》の青年こそ希望《きぼう》の太陽

そして今《いま》、世界中《せかいじゅう》で地涌《じゆ》の青年たちが広布後継《こうけい》の不二《ふに》の新《あら》たな旅立《たびだ》ちを開始《かいし》しています。

各国《かっこく》を襲《おそ》うコロナ禍《か》の困難《こんなん》に直面《ちょくめん》した時《とき》も、元初《がんじょ》の誓《ちか》いのままに、「立正安《りっしょうあん》国《こく》」即《そく》「世界平和《せかいへいわ》」の実現《じつげん》へ立《た》ち上《あ》がってくれました。いかなる時《とき》も、この創価の若《わか》き世界市民《せかいしみん》が「熱《ねつ》」と「力《ちから》」を結集《けっしゅう》して進《すす》み、連帯《れんたい》を広《ひろ》げていく限《かぎ》り、

恩師の思いを胸に、世界広布の第一歩を踏み出した池田大作先生（1960 年 10 月 2 日　東京）

未来は明《あか》るい。青年こそ一切《いっさい》の状況《じょうきょう》を打開《だかい》しゆく希望《きぼう》の太陽だからです。

世界《せかい》広布がいよいよ加速《かそく》して伸展《しんてん》するこの時《とき》に、あらためて日蓮仏法が全人《ぜんじん》類《るい》のための宗教《しゅうきょう》であることを深《ふか》く学《まな》んでいきたい。そして「一人立《た》つ精神《せいしん》」と「菩薩《ぼさつ》の不屈《ふくつ》の連帯《れんたい》」について、御書を拝《はい》していきましょう。

諫暁八幡抄《かんぎょうはちまんしょう》

御文　（新七四二㌻・全五八五㌻）

今《いま》、日蓮《にちれん》は、去《い》ぬる建長五年《けんちょうごねん》癸丑《みずのとうし》四月二十八日《しがつにじゅうはちにち》より今弘安《いまこうあん》三年《さんねん》太歳庚辰《たいさいかのえたつ》十二月《じゅうにがつ》にいたるまで、二十八年《にじゅうはちねん》が間《あいだ》、また他事《たじ》なし。ただ妙法蓮華経《みょうほうれんげきょう》の七字五字《しちじごじ》を日本国《にほんこく》の一切衆生《いっさいしゅじょう》の口《くち》に入《い》れんとはげむ《励》ばかりなり。これ即《すなわ》ち、母《はは》の赤子《あかご》の口《くち》に乳《ちち》を入《い》れんとはげ《励》む慈悲《じひ》なり。これまた時《とき》の当《あ》たらざるにあらず。すでに仏記《ぶっき》の五《ご》の五百歳《ごひゃくさい》に当《あ》たれり。天台《てんだい》・伝教《でんぎょう》の御時《おんとき》は、時《とき》いまだ来《きた》らざりしかども、一分《いちぶん》の機《き》ある故《ゆえ》に少分流布《しょうぶんるふ》せり。いかにいわんや、今《いま》はすでに時《とき》いたりぬ。たとい機《き》なくして水火《すいか》をなすとも、いかでか弘通《ぐつう》せざらん。

現代語訳

今《いま》、日蓮は、去《さ》る建長《けんちょう》五年四月二十八日から今弘安《いまこうあん》三年十二月に至《いた》るまで、二十八年の間《あいだ》、他事《たじ》は一切《いっさい》ない。

ただ妙法蓮華経の七字五字を日本国の一切衆生《いっさいしゅじょう》の口《くち》に入《い》れようと励《はげ》んできただけである。これはちょうど、母親《ははおや》が赤子《あかご》の口《くち》に乳《ちち》をふくませようとするのと同《おな》じ慈悲《じひ》である。

このような法華経の弘通《ぐつう》は、これは時節《じせつ》が到来《とうらい》したからである。今《いま》は既《すで》に仏《ほとけ》が示《しめ》した第《だい》五の五百年に当《あ》たっている。天台大師《てんだいだいし》や伝教大師《でんぎょうだいし》の時《とき》には、いまだその時《とき》が至《いた》っていなかったが、一分《いちぶん》の機根《きこん》の人々があったから法華経を少々流布《しょうしょうるふ》していたのである。ましてや今《いま》は、既《すで》に時《とき》が到来《とうらい》している。たとえ（受《う》け入《い》れる）機根《きこん》がなくて水火《すいか》のように反発《はんぱつ》してきたとしても、どうして法華経を弘通《ぐつう》せずにいられようか。

立宗《りっしゅう》以来《いらい》、民衆救済《みんしゅうきゅうさい》の大道《だいどう》を

「諫暁八幡抄《かんぎょうはちまんしょう》」〈注2〉は、「顕仏未来記《けんぶつみらいき》」と並《なら》び、「仏法西還《せいかん》」〈注3〉を高《たか》らかに確言《かくげん》された世界《せかい》広宣流布の誓願《せいがん》の一書《いっしょ》です。恩師《おんし》と幾《いく》たびも拝《はい》しました。

御文《ごもん》の「建長五年《けんちょうごねん》 癸丑《みずのとうし》 四月二十八日《しがつにじゅうはちにち》」との日付《ひづけ》は、日蓮大聖人が南無妙法蓮華経の流布《るふ》に立《た》ち上《あ》がられた「立宗宣言《りっしゅうせんげん》」の日を指《さ》しています。「他事《たじ》なし」とは、妙法を弘《ひろ》める以外《いがい》に何《なに》もないということです。「ただ妙法蓮華経《みょうほうれんげきょう》の七字五字《しちじごじ》を日本国《にほんこく》の一切衆生《いっさいしゅじょう》の口《くち》に入《い》れんとはげ《励》むばかりなり」との仰《おお》せからも、全民衆《ぜんみんしゅう》を救《すく》わんとの烈々《れつれつ》たる御真情《ごしんじょう》が伝《つた》わってきます。

その思《おも》いは、母親《ははおや》が赤子《あかご》の口《くち》に乳《ちち》をふくませようとする慈悲《じひ》と同《おな》じであると言《い》われるのです。大聖人の折伏《しゃくぶく》の振《ふ》る舞《ま》いも、ただただ民衆《みんしゅう》の幸福《こうふく》を願《ねが》われての大慈悲《だいじひ》の発露《はつろ》なのです。

ここで強調《きょうちょう》されているのは、「時《とき》の到来《とうらい》」です。天台大師《てんだいだいし》、伝教大師《でんぎょうだいし》〈注4〉の時《とき》にも法華経が流布《るふ》したが、それは一部《いちぶ》の機根《きこん》の優《すぐ》れた人たちに向《む》けたものであり、今《いま》は、すべての機根《きこん》に向《む》けて弘通《ぐつう》すべき時《とき》を迎《むか》えていると仰《おお》せです。これは、南無妙法蓮華経の大法《だいほう》こそが、あらゆる衆生《しゅじょう》に向《む》けられた根本的《こんぽんてき》な成《じょう》仏《ぶつ》の要法《ようほう》であり、この大法《だいほう》を、末法《まっぽう》の全民衆《ぜんみんしゅう》を救《すく》うために、ただただ弘《ひろ》めに弘《ひろ》め抜《ぬ》いてきたとの大宣言《だいせんげん》にほかなりません。

御文《ごもん》の続《つづ》きに「ただ不軽《ふきょう》のごとく大難《だいなん》には値《あ》うとも、流布《るふ》せんこと疑《うたが》いなかるべき」（新七四二ジペー・全五八五ジペー）とあります。時《とき》が到来《とうらい》しているからこそ、大《だい》難《なん》に屈《くっ》しない不退転《ふたいてん》の実践者《じっせんしゃ》が出現《しゅつげん》すれば、広宣流布が実現《じつげん》することは間違《まちが》いないのです。

最高《さいこう》の成仏《じょうぶつ》の教《おし》えである「妙法」と、民衆《みんしゅう》がその流布《るふ》を心《こころ》の奥底《おうてい》で待望《たいぼう》している「時《とき》」、そして不惜身命《ふしゃくしんみょう》の弘通《ぐつう》の「闘士《とうし》」の出現《しゅつげん》――これが合致《がっち》して民衆《みんしゅう》救済《きゅうさい》の尊《とうと》き仏事《ぶつじ》が成就《じょうじゅ》していく。

すなわち、「法《ほう》」と「時《とき》」が適《かな》ったその好機《こうき》に立《た》ち上《あ》がる「人」によって、仏法は現実《げんじつ》に生《い》きた宗教《しゅうきょう》として躍動《やくどう》していくのです。

同《おな》じ原理《げんり》で、今日《こんにち》、仏勅《ぶっちょく》の学会の出現《しゅつげん》によって日蓮仏法が世界《せかい》に弘通《ぐつう》されたのです。

未聞《みもん》の感染症拡大《かんせんしょうかくだい》の中《なか》でも、各国《かっこく》の創価の同志《どうし》は立正安国《りっしょうあんこく》の祈《いの》りを一段《いちだん》と強《つよ》くして周囲《しゅうい》の友《とも》に励《はげ》ましを送《おく》り、善《ぜん》の連帯《れんたい》を広《ひろ》げてきました。こうした実践《じっせん》は、人類《じんるい》の宿命《しゅくめい》を転換《てんかん》されんとした大聖人の大闘争《だいとうそう》に直結《ちょっけつ》するものです。「大法《だいほう》弘通《ぐつう》慈折《じしゃく》広宣流布」の大願《だいがん》を掲《かか》げた私たち一人一人の人間革命の実践《じっせん》は、どんな苦難《くなん》にあっても、必《かなら》ずや全《すべ》てを「変毒為薬《へんどくいやく》」〈注5〉できるという希望《きぼう》と自信《じしん》を社会《しゃかい》に、世界《せかい》に広《ひろ》げているのです。

たとえば、マサチューセッツ大学ボストン校《こう》・元学事長《もとがくじちょう》のウィンストン・ラングリー博士〈注6〉は、私たちの「人間革命」の運動《うんどう》は、人々にそれぞれが持《も》つ可能性《かのうせい》を目覚《めざ》めさせるとともに、行動《こうどう》へ移《うつ》す勇気《ゆうき》まで与《あた》えてくれている、と深《ふか》い共感《きょうかん》を寄《よ》せられています。

太陽の仏法が末法《まっぽう》の闇《やみ》を照《て》らす

本抄《ほんしょう》の末尾《まつび》では、太陽が東《ひがし》から昇《のぼ》り西《にし》に向《む》かうように、日本に出現《しゅつげん》した大聖人の仏法が仏教発祥《ぶっきょうはっしょう》のインドへと還《かえ》っていくこと（仏法西還《せいかん》）、さらに、この〝太陽の仏法〟は末法《まっぽう》の長《なが》い闇《やみ》を、永遠《えいえん》に照《て》らし続《つづ》けていくことを断言《だんげん》されています〈注7〉。この仰《おお》せを現実《げんじつ》に証明《しょうめい》してきたのが、創価の師弟《してい》です。

世界《せかい》広宣流布は創価学会の大誓願《だいせいがん》です。初代会長・牧口常三郎《つねさぶろう》先生は、軍部《ぐんぶ》政府《せいふ》が言論統制《げんろんとうせい》を強《つよ》めるなかにあっても、厳然《げんぜん》と学会の使命《しめい》を示《しめ》された。先生は訴《うった》えられました。

――妙法こそ、世界《せかい》の人類《じんるい》が等《ひと》しく渇望《かつぼう》する「無上最大《むじょうさいだい》の生活法《せいかつほう》」であり、「成仏《じょうぶつ》の法《ほう》」である。この偉大《いだい》な力《ちから》を、我々同志《われわれどうし》の実験《じっけん》によって証明《しょうめい》し、誰《だれ》にもたやすく分《わ》かるようにするのだ。そして、その功徳《くどく》を普《あまね》く施《ほどこ》して、一切衆生《いっさいしゅじょう》を無上最高《むじょうさいこう》の幸福《こうふく》へ至《いた》らしめるまで、前進《ぜんしん》していこうではないか――と。

「妙法を 拡《ひろ》むる旅《たび》に 心勇《こころいさ》みて」

この遺志《いし》を継《つ》がれた戸田先生は一九五二年（昭和二十七年）一月、「いざ往《ゆ》かん　月氏《がっし》の果《はて》まで　妙法を　拡《ひろ》むる旅《たび》に　心勇《こころいさ》みて」と詠《よ》まれました。

また翌月《よくげつ》には、青年部に対《たい》して、「地球民族主義《ちきゅうみんぞくしゅぎ》」〈注8〉を提唱《ていしょう》されています。ちょうど「二月闘争《とうそう》」の最中《さなか》です。日本の広宣流布の本格的《ほんかくてき》な軌道《きどう》を創《つく》る時《とき》に、世界《せかい》広布と人類《じんるい》の未来を展望《てんぼう》されたのです。

さらに一九五四年（昭和二十九年）の夏《なつ》、戸田先生は北海道の故郷《こきょう》まで私をお供《とも》させてくださり、厚田《あつた》の海岸《かいがん》で夕日《ゆうひ》に染《そ》まる海《うみ》を見《み》つめて語《かた》られました。

「ぼくは、日本の広宣流布の盤石《ばんじゃく》な礎《いしずえ》をつくる。君《きみ》は、世界《せかい》の広宣流布の道《みち》を開《ひら》くんだ。構想《こうそう》だけは、ぼくがつくっておこう。君《きみ》が、それをすべて実現《じつげん》してくれ給《たま》え」

「世界《せかい》は広《ひろ》い。そこには、苦悩《くのう》にあえぐ民衆《みんしゅう》がいる。いまだ戦火《せんか》に怯《おび》える子《こ》どもたちもいる。東洋《とうよう》に、そして、世界《せかい》に、妙法の灯《ひ》をともしていくんだ。この私に代《か》わって」

そして逝去《せいきょ》の直前《ちょくぜん》には、私を枕元《まくらもと》に呼《よ》んで、「メキシコに行った夢《ゆめ》を見《み》たよ」「待《ま》っていた、みんな待《ま》っていたよ。日蓮大聖人の仏法を求《もと》めてな。行きたいな、世界《せかい》へ。広宣流布の旅《たび》に……」と、世界《せかい》の民衆《みんしゅう》へのあふれる慈愛《じあい》で話《はな》されていました。そして「君《きみ》の本当《ほんとう》の舞台《ぶたい》は世界《せかい》だよ」「生《い》きろ。うんと生《い》きるんだぞ。そして、世界《せかい》に征《ゆ》くんだ」と、言《い》われていました。

ですから、今《いま》、後継《こうけい》の青年たちが躍動《やくどう》する、世界《せかい》広宣流布の伸展《しんてん》を、いかばかり喜《よろこ》んでくださっているか。「大《だい》、やったな」と呵々大笑《かかたいしょう》される恩師《おんし》の慈顔《じがん》が目《め》に浮《う》かびます。

それとともに、広布に邁進《まいしん》してきてくださった共戦《きょうせん》の全宝友《ぜんほうゆう》の誉《ほま》れの凱歌《がいか》と栄光《えいこう》を師匠《ししょう》に報告《ほうこく》できる。これ以上《いじょう》の弟子《でし》の喜《よろこ》びはありません。

大悪大善御書《だいあくだいぜんごしょ》

御文　（新二一四五ページ・全一三〇〇ページ）

大事《だいじ》には小瑞《しょうずい》なし。大悪《だいあく》おこ《起》れば大善《だいぜん》きた《来》る。すでに、大《だい》謗法《ほうぼう》、国《くに》にあり。大正法《だいしょうほう》、必《かなら》ずひろ《広》まるべし。各々《おのおの》なにをかなげ《歎》かせ給《たも》うべき。迦葉尊者《かしょうそんじゃ》にあらずとも、まい《舞》をもまい《舞》ぬべし。舎利弗《しゃりほつ》にあらねども、立《た》っておどり《踊》ぬべし。上行菩薩《じょうぎょうぼさつ》の大地《だいち》よりいで《出》給《たま》いしには、おどり《踊》てこそいで《出》給《たま》いしか。普《ふ》賢菩薩《げんぼさつ》の来《きた》るには、大地《だいち》を六種《ろくしゅ》にうご《動》かせり。

事多《ことおお》しといえども、しげ《繁》きゆえにとど《止》む。またまた申《もう》すべし。

現代語訳

大事《だいじ》の起《お》こる前《まえ》には小《ちい》さな瑞相《ずいそう》はない。大悪《だいあく》が起《お》これば、必《かなら》ず大善《だいぜん》がくる。すでに大謗法《だいほうぼう》が国《くに》にある。そのため、大正法《だいしょうほう》は必《かなら》ず広《ひろ》まるであろう。

あなた方《がた》は何《なに》を嘆《なげ》かれることがあろうか。（大善《だいぜん》がくるとの喜《よろこ》びに）迦葉尊者《かしょうそんじゃ》でなくても、舞《まい》を舞《ま》うべきところである。舎利弗《しゃりほつ》でなくても、立《た》って踊《おど》るべきところである。上行菩薩《じょうぎょうぼさつ》が大地《だいち》から現《あらわ》れた時《とき》には、踊《おど》り出《で》たのである。普賢菩薩《ふげんぼさつ》が法華経の会座《えざ》に来《き》た時《とき》には、大地《だいち》を六種《ろくしゅ》に動《うご》かしたのである。

申《もう》し上《あ》げたいことは多《おお》くあるけれども、多繁《たはん》のためにこれで留《とど》めておく。また申《もう》し上《あ》げる。

「大正法《だいしょうほう》」が広《ひろ》まるとの御確信《ごかくしん》

続《つづ》いて拝《はい》するのは、「大悪大善御書《だいあくだいぜんごしょ》」〈注9〉です。本抄《ほんしょう》で大聖人は、いかなる大悪《だいあく》も、いよいよ正《ただ》しい仏法が広《ひろ》まる前兆《ぜんちょう》にほかならないとの大確信《だいかくしん》を述《の》べられています。そして、苦難《くなん》の中《なか》にあっても嘆《なげ》かずに、むしろ勇《いさ》んで前進《ぜんしん》すべきだと示《しめ》されています。

大《おお》きな事《こと》が起《お》きる前《まえ》には必《かなら》ず大《おお》きな瑞相《ずいそう》（前兆《ぜんちょう》、しるし）がある。大悪《だいあく》は大善《だいぜん》の瑞相《ずいそう》です。最《もっと》も厳《きび》しい状況《じょうきょう》だからこそ「大正法《だいしょうほう》」が必《かなら》ず広《ひろ》まるのだと力強《ちからづよ》く御断言《ごだんげん》をされています。それは、何《なに》もせず、ただ傍観《ぼうかん》しているだけで、「大正《だいしょう》法《ほう》」が自然《しぜん》に広《ひろ》まるということではありません。

事《こと》が起《お》きた時《とき》に、それを前進《ぜんしん》への変化《へんか》の兆《きざ》しと捉《とら》え返《かえ》して、断固《だんこ》として善《ぜん》の方向《ほうこう》へ転換《てんかん》していこうとする確固《かっこ》たる一念《いちねん》と実践《じっせん》があって、初《はじ》めて大善《だいぜん》の瑞相《ずいそう》となるのです。

つまり、大悪《だいあく》が起《お》きた時《とき》こそ、自身《じしん》がどのように受《う》け止《と》めるのか。今《いま》こそ最《さい》高《こう》のドラマを演《えん》じるのだと決意《けつい》し、「師子王《ししおう》の心《こころ》」を取《と》り出《いだ》して行動《こうどう》に打《う》って出《で》てこそ、実際《じっさい》に大善《だいぜん》に転《てん》ずることができるのです。

当時《とうじ》、一国《いっこく》を挙《あ》げて大謗法《だいほうぼう》となり、大聖人の門下《もんか》も大変《たいへん》な環境《かんきょう》の中《なか》にいました。大聖人は、そうした時《とき》こそ広宣流布が大《おお》きく前進《ぜんしん》する瑞相《ずいそう》であると断言《だんげん》されています。

成仏《じょうぶつ》の法《ほう》に巡《めぐ》り合《あ》った大歓喜《だいかんき》

続《つづ》いて、迦葉尊者《かしょうそんじゃ》、舎利弗《しゃりほつ》、上行菩薩《じょうぎょうぼさつ》、普賢菩薩《ふげんぼさつ》〈注10〉が取《と》り上《あ》げられています。

迦葉《かしょう》・舎利弗《しゃりほつ》は、法華経で釈尊《しゃくそん》から成仏《じょうぶつ》の法《ほう》を教《おそ》わり、二乗作仏《にじょうさぶつ》の大歓喜《だいかんき》のままに舞《ま》い踊《おど》りました。

また、法華経の本門《ほんもん》で釈尊《しゃくそん》が、末法《まっぽう》における広宣流布の使命《しめい》を託《たく》すために久《く》遠《おん》からの弟子《でし》を呼《よ》び出《いだ》した時《とき》、無数《むすう》の地涌《じゆ》の菩薩《ぼさつ》が大地《だいち》から踊《おど》り出《で》ました。上《じょう》行菩薩《ぎょうぼさつ》は、この菩薩《ぼさつ》たちの上首《じょうしゅ》にあたります。

「地涌《じゆ》」の名は、大地《だいち》から涌《わ》き出《いで》たことを表《あらわ》しています。御文《ごもん》では、「おどり《踊》てこそいで《出》給《たま》いしか」と仰《おお》せです。仏滅後《ほとけめつご》の悪世《あくせ》で苦《くる》しむ人々を救《すく》い切《き》り、一人も置《お》き去《ざ》りにすることなく、皆《みな》を幸福境涯《こうふくきょうがい》へと導《みちび》かんとの自覚《じかく》と誇《ほこ》りと使命感《しめいかん》の表明《ひょうめい》であると拝《はい》せられます。

さらに、法華経の最後《さいご》に普賢菩薩《ふげんぼさつ》がやってくる時《とき》に、大地《だいち》を六種《ろくしゅ》に揺《ゆ》り動《うご》かしたことにも触《ふ》れられています。法華経を説《と》き終《お》えるにあたって、あらためてその大精神《だいせいしん》を再確認《さいかくにん》するために出現《しゅつげん》した重要《じゅうよう》な菩薩《ぼさつ》です。

ここで「舎利弗《しゃりほつ》・迦葉《かしょう》」「上行菩薩《じょうぎょうぼさつ》」「普賢菩薩《ふげんぼさつ》」を並《なら》び挙《あ》げられていることに甚深《じんじん》の意義《いぎ》が拝《はい》されます。すなわち、成仏《じょうぶつ》が許《ゆる》された二乗《にじょう》たちには、本来《ほんらい》、自分《じぶん》たちは常《つね》に師《し》と共《とも》に菩薩《ぼさつ》の誓願《せいがん》に生《い》きてきたという、師弟共戦《していきょうせん》への大《おお》いなる目覚《めざ》めがありました。

そして、地涌《じゆ》の出現《しゅつげん》は、久遠《くおん》の仏《ほとけ》と一体《いったい》となって、永遠《えいえん》の菩薩道《ぼさつどう》を貫《つらぬ》く中《なか》に仏法の精髄《せいずい》があることを示《しめ》しています。

さらに、普賢《ふげん》の英知《えいち》に基《もと》づく対話《たいわ》の力《ちから》は、広宣流布を決《けっ》する重要《じゅうよう》な意義《いぎ》を持《も》ちます。

こうした、人々のために戦《たたか》う菩薩《ぼさつ》の誓願《せいがん》に目覚《めざ》めた生命《せいめい》こそが、無上《むじょう》の大歓《だいかん》喜《き》に包《つつ》まれるのです。それは、「舞《まい》」や「踊《おど》り」で象徴《しょうちょう》されるように、誰《だれ》も止《と》めることができない無限《むげん》の生命《せいめい》の躍動《やくどう》です。この菩薩《ぼさつ》の誓願《せいがん》に立《た》ち戻《もど》れば、必《かなら》ず、いかなる大悪《だいあく》も断《だん》じて大善《だいぜん》に変《か》えていくことができる。その自身《じしん》の本源的《ほんげんてき》な生命《せいめい》の力《ちから》に目覚《めざ》めれば、何《なに》も嘆《なげ》くことなどないではないかと、御本仏《ごほんぶつ》は教《おし》えてくださっているのです。

今《いま》、まさに、この菩薩《ぼさつ》の誓願《せいがん》の躍動《やくどう》は、一人立《た》つ学会員の行動《こうどう》そのものの中《なか》にあります。地涌《じゆ》の使命《しめい》を担《にな》う創価の同志《どうし》は「人間革命」の舞《まい》によって、また、踊《おど》るが如《ごと》く菩薩《ぼさつ》の生命《せいめい》を涌出《ゆじゅつ》する「平和《へいわ》・文化《ぶんか》・教育《きょういく》」の貢献《こうけん》によって、さらに、凍《い》てついた不信《ふしん》の大地《だいち》に動執生疑《どうしゅうしょうぎ》を起《お》こす草《くさ》の根《ね》の「普賢《ふげん》の対話《たいわ》」の力《ちから》によって、世界《せかい》広布を現実《げんじつ》としてきたのです。

トインビー博士の期待《きたい》

一九七三年（昭和四十八年）五月、トインビー博士〈注11〉と、前年《ぜんねん》と合《あ》わせ約《やく》四十時間《じかん》に及《およ》んだ対談《たいだん》を終《お》える際《さい》に、私は博士に言《い》いました。「私個人《こじん》に、池田大作個人《こじん》に、何《なに》か忠告《ちゅうこく》があればお願《ねが》いします――大切《たいせつ》にいたします」と。

この時《とき》、私の心《こころ》に秘《ひ》めていたことがありました。博士との対談《たいだん》に、私は常《つね》に心《こころ》に戸田先生を置《お》いて臨《のぞ》んでいました。今《いま》、先生ならば、なんとおっしゃられるだろうか――胸中《きょうちゅう》の戸田先生に伺《うかが》う思《おも》いも込《こ》めて、トインビー博士に申《もう》し上《あ》げたのです。

トインビー博士は、私の顔《かお》をじっと見《み》つめられ、「それは、差《さ》し出《で》がましいことです。というのは、私は学問《がくもん》の世界《せかい》の人間です。しかし、あなたは行動《こうどう》の人であり、極《きわ》めて重要《じゅうよう》な組織《そしき》の責任《せきにん》ある指導者《しどうしゃ》だからです」とあまりにも謙虚《けんきょ》に言《い》われました。そのうえで、「あなたご自身《じしん》が主張《しゅちょう》された中道《ちゅうどう》こそ、今後《こんご》、歩《あゆ》むべき道《みち》なのです」と、期待《きたい》の言葉《ことば》を述《の》べてくださいました。

とともに「このような対談《たいだん》は、世界《せかい》の諸民族《しょみんぞく》の融和《ゆうわ》、諸宗教《しょしゅうきょう》の融合《ゆうごう》に、きわめて重要《じゅうよう》な役割《やくわり》を果《は》たすものと思《おも》います。私たちはいま日本人とイギリス人の対話《たいわ》をしてきたわけですが、今後《こんご》日本人とロシア人、ロシア人とアメリカ人の対話《たいわ》、なかんずく中国人とロシア人の対話《たいわ》がなされてほしいと願《ねが》っています。こうした対話《たいわ》が実現《じつげん》できれば、われわれ人類《じんるい》が融和一致《ゆうわいっち》するのに大《おお》いに役立《やくだ》つことでしょう。たぶん創価学会はこうした対話《たいわ》のいくつかの突破口《とっぱこう》になれるでしょう」と望《のぞ》まれたのです。

戸田大学の薫陶《くんとう》が平和《へいわ》の懸《か》け橋《はし》に

私は、その後《ご》、私の立場《たちば》で博士のアドバイスの通《とお》りに、世界《せかい》の識者《しきしゃ》やリーダーとの対話《たいわ》をいやまして続《つづ》けました。それはまた、恩師《おんし》から託《たく》された弟子《でし》の道《みち》でもあります。

語《かた》らいのたびに私は、全部《ぜんぶ》、戸田大学で学《まな》んだことが力《ちから》になっていると、師《し》恩《おん》を感《かん》ぜずにはいられませんでした。

ロンドンのトインビー博士の自宅で語り合う池田先生と博士。前年から続くこの対談から、世界を結ぶ対話の旅は広がっていった（1973年5月）

学会が目指《めざ》す世界宗教《せかいしゅうきょう》とは、対話《たいわ》によって差異《さい》を超《こ》え、互《たが》いを高《たか》め合《あ》いながら友情《ゆうじょう》を結《むす》ぶ、平和《へいわ》への懸《か》け橋《はし》となる宗教《しゅうきょう》です。

今《いま》、その一切《いっさい》を若《わか》き後継《こうけい》の皆《みな》さんが受《う》け継《つ》いでくれています。世界中《せかいじゅう》で繰《く》り広《ひろ》げられている創価の青年たちの賑《にぎ》やかな対話《たいわ》を、恩師《おんし》も、トインビー博士も嬉《うれ》しく見守《みまも》ってくださっていることでしょう。

生命尊厳《せいめいそんげん》の哲学《てつがく》、創価の人間主義《しゅぎ》

広布の遠征《えんせい》にあって、師弟共戦《していきょうせん》の生《い》き方《かた》と菩薩《ぼさつ》の誓願《せいがん》とは、一体《いったい》です。師弟《してい》に生《い》き、地涌《じゆ》の誓願《せいがん》に生《い》きる人生《じんせい》は、胸中《きょうちゅう》の仏界《ぶっかい》の力強《ちからづよ》い生命《せいめい》を涌現《ゆげん》させます。智慧《ちえ》と勇気《ゆうき》と慈悲《じひ》の生命《せいめい》が満《み》ちあふれてくるのです。限《かぎ》りなく、尽《つ》きることなく涌現《ゆげん》するのです。

仏法の無上《むじょう》の菩薩道《ぼさつどう》に創価の若師子《わかじし》が続《つづ》いてくれています。人類全体《じんるいぜんたい》が試練《しれん》に直面《ちょくめん》する今《いま》ほど、生命尊厳《せいめいそんげん》の哲学《てつがく》、創価の人間主義《しゅぎ》が求《もと》められている時代《じだい》はありません。地涌《じゆ》の本舞台《ほんぶたい》は、いよいよ、これからです。

今《いま》こそ勇敢《ゆうかん》に、希望《きぼう》の対話《たいわ》を広《ひろ》げながら、平和《へいわ》と安穏《あんのん》への朗《ほが》らかな前進《ぜんしん》を続《つづ》けていきましょう。青年の心《こころ》で、青年と共《とも》に！

［注　解］

〈注1〉第《だい》二代《だい》会長・戸田城聖《じょうせい》先生が一九五一年（昭和二十六年）に発表《はっぴょう》した「青年訓《せいねんくん》」の一節《いっせつ》。九月二十八日付で書《か》かれ、最初《さいしょ》、聖教新聞に〝青年部班長《はんちょう》へ告示《こくじ》〟として掲載《けいさい》。十一月一日刊の「大白蓮華」十九号の「巻頭言《かんとうげん》」で「青年訓《せいねんくん》」として、あらためて発表《はっぴょう》された。宗教革命《しゅうきょうかくめい》によって人間の苦悩《くのう》を解決《かいけつ》し、真《しん》の幸福《こうふく》と平和《へいわ》を確立《かくりつ》する青年の使命《しめい》を訴《うった》えた。

〈注2〉【諫暁八幡抄《かんぎょうはちまんしょう》】弘安《こうあん》三年（一二八〇年）十二月、日蓮大聖人が身延《みのぶ》において認《したた》められ、門下《もんか》全体《ぜんたい》に送《おく》られた。その直前《ちょくぜん》の十一月に、武家《ぶけ》の守護神《しゅごしん》をまつった鎌倉《かまくら》の鶴岡八幡宮《つるがおかはちまんぐう》が炎上《えんじょう》し、人々の不安《ふあん》が募《つの》った。その中《なか》で大聖人は、八幡大菩薩《はちまんだいぼさつ》を諫《いさ》められ、法華経の行者《ぎょうじゃ》を守護《しゅご》すべきだと叱咤《しった》される。さらに仏法西還《せいかん》の原理《げんり》を示《しめ》されている。

〈注3〉【仏法西還《せいかん》】仏法が東《ひがし》の日本から西《にし》のインドへと還《かえ》っていくこと。「月氏《がっし》」という別称《べっしょう》のあるインドから、釈尊《しゃくそん》の仏法が、次第《しだい》に東《ひがし》に流布《るふ》した「仏法東漸《とうぜん》」に対《たい》して、日蓮大聖人の仏法は、東《ひがし》の端《はし》の国《くに》である日本から流布《るふ》して西《にし》へと還《かえ》っていくことをいう。

〈注4〉【天台大師《てんだいだいし》、伝教大師《でんぎょうだいし》】天台大師智顗《てんだいだいしちぎ》（五三八年～五九七年）は、中国の陳《ちん》・隋《ずい》の時代《じだい》に法華経を宣揚《せんよう》した。一念三千《いちねんさんぜん》の観法《かんぼう》を確立《かくりつ》し、『摩訶止観《まかしかん》』『法華玄義《ほっけげんぎ》』『法華文句《ほっけもんぐ》』の三大《さんだい》部《ぶ》を講述《こうじゅつ》した。伝教大師最澄《でんぎょうだいしさいちょう》（七六七年あるいは七六六年〜八二二年）は、日本天台宗《てんだいしゅう》の開祖《かいそ》。唐《とう》に渡《わた》り、天台宗《てんだいしゅう》の法門《ほうもん》を習得《しゅうとく》した。『法華秀句《ほっけしゅうく》』『顕戒論《けんかいろん》』等《とう》を著《あらわ》した。

〈注5〉【変毒為薬《へんどくいやく》】「毒《どく》を変《へん》じて薬《くすり》と為《な》す」と読《よ》み下《くだ》す。妙法の力《ちから》によって、煩悩《ぼんのう》・業《ごう》・苦《く》の三道《さんどう》を流転《るてん》する凡夫《ぼんぷ》の生命《せいめい》を、法身《ほっしん》・般若《はんにゃ》・解脱《げだつ》という仏《ほとけ》の三徳《さんとく》に満《み》ちた生命《せいめい》へと転換《てんかん》することをいう。

〈注6〉【ラングリー博士】ウィンストン・ラングリー。米《べい》ハワード大学で国際関係論《こくさいかんけいろん》の博士号を取得《しゅとく》。ボストン大学教授《きょうじゅ》などを経《へ》て、二〇〇八年、マサチューセッツ大学ボストン校《こう》の学事長《がくじちょう》・教務担当副学長《きょうむたんとうふくがくちょう》に就任《しゅうにん》。二〇一〇年十一月にモトリー学長《がくちょう》と来日《らいにち》し、池田先生に「名誉人文学博士号《めいよじんぶんがくはくしごう》」を授与《じゅよ》した。国連《こくれん》の開発途上国《かいはつとじょうこく》への援助《えんじょ》のあり方《かた》を経済《けいざい》、社会《しゃかい》、人権《じんけん》の観点《かんてん》から研究《けんきゅう》。女性《じょせい》の権利《けんり》の研究《けんきゅう》にも実績《じっせき》を持《も》つ。

〈注7〉「月《つき》は西《にし》より東《ひがし》に向《む》かえり。月氏《がっし》の仏法《ぶっぽう》の東《ひがし》へ流《なが》るべき相《そう》なり。日《ひ》は東《ひがし》より出《い》ず。日本《にほん》の仏法《ぶっぽう》の月氏《がっし》へかえる《還》べき瑞相《ずいそう》なり。月《つき》は光《ひかり》あきらか《明》ならず。在世《ざいせ》はただ八年《はちねん》なり。日《ひ》は光明《こうみょう》、月《つき》に勝《まさ》れり。五《ご》の五百歳《ごひゃくさい》の長《なが》き闇《やみ》を照《て》らすべき瑞相《ずいそう》なり」（新七四七ページ・全五八八ページ）

〈注8〉【地球民族主義《ちきゅうみんぞくしゅぎ》】戸田先生が、一九五二年（昭和二十七年）二月に行《おこな》われた青年部の研究《けんきゅう》発表会《はっぴょうかい》の席上《せきじょう》、自身《じしん》の思想《しそう》として宣言《せんげん》された。全世界《ぜんせかい》の全《すべ》ての民族《みんぞく》が、互《たが》いに争《あらそ》いや差別《さべつ》にとらわれるのでなく、同《おな》じ地球民族《ちきゅうみんぞく》として、相互扶助《そうごふじょ》の精神《せいしん》で、共《とも》に繁栄《はんえい》していこうとする共生《きょうせい》と調和《ちょうわ》の思想《しそう》といえる。

〈注9〉【大悪大善御書《だいあくだいぜんごしょ》】御書の一部分《いちぶぶん》しか伝《つた》えられていないので、御述作年《ごじゅっさくねん》など詳細《しょうさい》は不明《ふめい》。内《ない》容《よう》から、文永《ぶんえい》十一年（一二七四年）の蒙古襲来《もうこしゅうらい》（文永《ぶんえい》の役《えき》）によって社会《しゃかい》が騒然《そうぜん》とするなかで、苦闘《くとう》する弟子《でし》を激励《げきれい》するために認《したた》められたと推察《すいさつ》される。

〈注10〉【迦葉尊者《かしょうそんじゃ》、舎利弗《しゃりほつ》、上行菩薩《じょうぎょうぼさつ》、普賢菩薩《ふげんぼさつ》】迦葉《かしょう》、舎利弗《しゃりほつ》は、釈尊《しゃくそん》の十大弟子《じゅうだいでし》。それぞれ「頭陀第一《ずだだいいち》」、「智慧第一《ちえだいいち》」と呼《よ》ばれた。上行菩薩《じょうぎょうぼさつ》は、法華経従地涌出品第十五《じゅうじゆじゅっぽんだい》で釈尊《しゃくそん》が滅後《めつご》の妙法弘通《ぐつう》を託《たく》すために呼《よ》び出《いだ》した地涌《じゆ》の菩薩《ぼさつ》の上首《じょうしゅ》（リーダー）。普賢菩薩《ふげんぼさつ》は、「あらゆる点《てん》で優《すぐ》れている」の意《い》で、仏《ほとけ》のもつ優《すぐ》れた特性《とくせい》（特《とく》に実践面《じっせんめん》）を人格化《じんかくか》した菩薩《ぼさつ》。法華経では普賢菩薩勧発品第二十八《ふげんぼさつかんぼっぽんだい》で登場《とうじょう》し、法華経の修行者《しゅぎょうしゃ》を守護《しゅご》する誓《ちか》いを立《た》てる。

〈注11〉【トインビー博士】アーノルド・J・トインビー。一八八九年〜一九七五年。イギリスの歴史学者《れきしがくしゃ》・文明史家《ぶんめいしか》。ロンドン大学、王立国際問題研究所《おうりつこくさいもんだいけんきゅうじょ》の要職《ようしょく》を歴任《れきにん》。代表作《だいひょうさく》『歴史《れきし》の研究《けんきゅう》』は各界《かっかい》に大《おお》きな影響《えいきょう》を与《あた》えた。池田先生との対談集《たいだんしゅう》『二十一世紀《せいき》への対話《たいわ》』（『池田大作全集』第3巻所収）は、人類《じんるい》に貴重《きちょう》な展望《てんぼう》を与《あた》えるものとして、世界《せかい》三十一言語《げんご》で出《しゅっ》版《ぱん》されている。

全《すべ》ては「一人の人間革命」から始《はじ》まる

「われには　われのみの使命《しめい》がある
君《きみ》にも
君《きみ》でなければ　出来《でき》ない使命《しめい》がある」

一九七〇年（昭和四十五年）の師走《しわす》、後継《こうけい》の若《わか》き友《とも》に贈《おく》った詩《し》、「青年の譜《ふ》」〈注1〉の一節《いっせつ》です。

偉大《いだい》な妙法を持《たも》つ私たち学会員には、自身《じしん》の人間革命を通《とお》して、「立正安《りっしょうあん》国《こく》」すなわち平和《へいわ》のため、人々の幸福《こうふく》のために社会《しゃかい》を変革《へんかく》していく尊《とうと》き使命《しめい》がある。そのことを、次代《じだい》を担《にな》う青年たちに訴《うった》えておきたかったのです。

〝平和裡《へいわり》に漸進的《ぜんしんてき》な革命《かくめい》を〟

私は、次《つぎ》のようにもつづりました。

「二十一世紀《せいき》に生《い》きゆく
民衆《みんしゅう》の願望《がんぼう》は
外形《がいけい》のみの改革《かいかく》にはない
一人ひとりの哲学《てつがく》と思想《しそう》の中《なか》に
平和裡《へいわり》に漸進的《ぜんしんてき》な
汝自身《なんじじしん》の
健全《けんぜん》なる革命《かくめい》を願《ねが》っている」

壮大《そうだい》なる「青年の譜《ふ》」の叙事詩《じょじし》

以来《いらい》、今日《こんにち》に至《いた》るまで、共《とも》に戦《たたか》ってきた方《かた》たちはもとより、現在《げんざい》の頼《たの》もしき青年部も、学会員は皆《みな》がそれぞれの舞台《ぶたい》で、懸命《けんめい》に信仰《しんこう》を貫《つらぬ》き、誇《ほこ》り高《たか》く「われのみの使命《しめい》」を果《は》たしてきました。

今《いま》や、この創価の堅実《けんじつ》にしてたゆみなき民衆運動《みんしゅううんどう》は、世界的規模《せかいてききぼ》で繰《く》り広《ひろ》げられるようになりました。半世紀以上《はんせいきいじょう》にわたる一人一人の美事《みごと》なる「青年の譜《ふ》」は、壮大《そうだい》な民衆《みんしゅう》の叙事詩《じょじし》と織《お》り成《な》され、世界広布《せかい》の堂々《どうどう》たる潮流《ちょうりゅう》となったのです。

大事《だいじ》なことは、急進的《きゅうしんてき》な「外形《がいけい》のみの改革《かいかく》」ではなく、着実《ちゃくじつ》に精神《せいしん》の大地《だいち》を耕《たがや》し、豊《ゆた》かな幸福《こうふく》の実《み》りをもたらしていく漸進主義《ぜんしんしゅぎ》です。「善《よ》いことというものは、カタツムリの速度《そくど》で動《うご》くものである」(マハトマ・ガンジー〈注2〉)という言葉《ことば》の通《とお》りです。

伝統《でんとう》の学会精神《せいしん》は常《つね》に不変《ふへん》

私たちの民衆運動《みんしゅううんどう》が真価《しんか》を発揮《はっき》するのは、いよいよこれからです。何《なに》があっても、「人生勝利《じんせいしょうり》の旅《たび》」、そして師弟《してい》を不二《ふに》とする永遠《えいえん》の「広布共戦《きょうせん》の旅《たび》」を、前《まえ》へ、前《まえ》へ、前《まえ》へ――。

新《あら》たな出発《しゅっぱつ》を開始《かいし》する時《とき》だからこそ、今一度《いまいちど》、「地道《じみち》」に「堅実《けんじつ》」に「持続《じぞく》」の信心を貫《つらぬ》く大切《たいせつ》さを、御書を拝《はい》しながら共々《ともども》に学《まな》びたい。いかに時代《じだい》が変《か》わろうとも、伝統《でんとう》の学会精神《せいしん》は常《つね》に不変《ふへん》だからです。

妙心尼御前御返事《みょうしんあまごぜんごへんじ》（妙《みょう》の字功徳《じくどく》の事《こと》）

御文　（新一九七二ジペー・全一四八四ジペー）

妙《みょう》の文字《もんじ》は、花《はな》のこのみ《果》となるがごとく、半月《はんげつ》の満月《まんげつ》となるがごとく、変《へん》じて仏《ほとけ》となら《成》せ給《たも》う文字《もんじ》なり。されば、経《きょう》に云《い》わく「能《よ》くこの経《きょう》を持《たも》つは、則《すなわ》ち仏身《ぶっしん》を持《たも》つなり」。天台大師《てんだいだいし》云《い》わく「一々文々《いちいちもんもん》これ真仏《しんぶつ》なり」等云々《とううんぬん》。

妙《みょう》の文字《もんじ》は三十二《さんじゅうに》相八十種好《そうはちじっしゅこう》円備《えんび》せさせ給《たも》う釈迦如来《しゃかにょらい》にておわしますを、我《われ》らが眼《まなこ》つたな《拙》くして文字《もんじ》とはみ《見》まいらせ候《そうろう》なり。譬《たと》えば、はちす《蓮》の子《み》の池《いけ》の中《なか》に生《お》いて候《そうろう》がように候《そうろう》はちす《蓮》の候《そうろう》を、としより《年寄》て候人《そうろうひと》は眼《まなこ》くら《暗》くしてみ《見》ず、よる《夜》はかげ《影》の候《そうろう》をやみ《闇》にみ《見》ざるがごとし。されども、この妙《みょう》の字《じ》は仏《ほとけ》にておわし候《そうろう》なり。

またこの妙《みょう》の文字《もんじ》は、月《つき》なり、日《ひ》なり、星《ほし》なり、かがみ《鏡》なり、衣《ころも》なり、食《じき》なり、花《はな》なり、大地《だいち》なり、大海《たいかい》なり。一切《いっさい》の功徳《くどく》を合《あ》わせて妙《みょう》の文字《もんじ》とならせ給《たも》う。または如意宝珠《にょいほうしゅ》のた《珠》まなり。

現代語訳

妙《みょう》の文字《もじ》は花《はな》が果《このみ》となるように、半月《はんげつ》がやがて満月《まんげつ》となるように、変《へん》じて仏《ほとけ》となられる文字《もじ》です。それゆえに経《きょう》には「能《よ》くこの経《きょう》を持《たも》つは、則《すなわ》ち仏身《ぶっしん》を持《たも》つなり」と説《と》かれ、天台大師《てんだいだいし》は「一々文々《いちいちもんもん》これ真仏《しんぶつ》なり」等《とう》と述《の》べられているのです。

妙《みょう》の文字《もじ》は三十二《さんじゅうに》相八十種好《そうはちじっしゅこう》を円満《えんまん》に備《そな》えられている釈迦如来《しゃかにょらい》であられますが、我《われ》らの目《め》がつたないので文字《もじ》と見《み》ているのです。例《たと》えば蓮華《れんげ》の果《このみ》が池の中《なか》に生《は》えているようなものです。蓮華《れんげ》はあっても、年を重《かさ》ねて目《め》が悪《わる》い人は見《み》えず、また、夜《よる》は影《かげ》があっても暗《くら》くて見《み》ることができないようなものです。しかし、この妙《みょう》の文字《もじ》は仏《ほとけ》であられるのです。

また、この妙《みょう》の文字《もじ》は月であり、太陽であり、星《ほし》であり、鏡《かがみ》であり、衣《ころも》であり、食《しょく》であり、花《はな》であり、大地《だいち》であり、大海《たいかい》なのです。一切《いっさい》の功徳《くどく》を合《あ》わせて妙《みょう》の文字《もじ》となられたのです。または、如意宝珠《にょいほうしゅ》の珠《たま》なのです。

真心《まごころ》から妙心尼《みょうしんあま》を励《はげ》まし続《つづ》ける

「妙心尼御前御返事《みょうしんあまごぜんごへんじ》」〈注3〉では、私たちが唱《とな》える題目の「妙《みょう》」の一字には、無量無辺《むりょうむへん》の功徳《くどく》が備《そな》わっていると仰《おお》せです。

本抄《ほんしょう》を頂《いただ》いた妙心尼《みょうしんあま》は駿河国《するがのくに》（静岡県中央部）の高橋六郎兵衛入道《たかはしろくろうひょうえのにゅうどう》の夫人《ふじん》であり、夫《おっと》の病《やまい》の回復《かいふく》を願《ねが》って尼《あま》になったと推察《すいさつ》されます。日蓮大聖人からあらためて「持妙尼《じみょうあま》」との法号《ほうごう》を頂《いただ》き、夫《おっと》をみとった後《のち》、移《うつ》り住《す》んだ所《ところ》の地名《ちめい》から

「窪尼《くぼのあま》」とも呼《よ》ばれていました。

大聖人は幾通《いくつう》ものお手紙《てがみ》で、悲嘆《ひたん》にくれる妙心尼《みょうしんあま》を真心《まごころ》から励《はげ》まされ、支《ささ》え続《つづ》けられました。師匠《ししょう》のお心《こころ》に応《こた》えて、妙心尼《みょうしんあま》は純真《じゅんしん》にして強盛《ごうじょう》な信心を貫《つらぬ》きます。

「いよいよ御信用《ごしんよう》のまさ《勝》らせ給《たも》うこと、とうと《尊》く候《そうろう》、とうとく候《そうろう》」（新一九七九ページ・全一四七八ページ）とも讃《たた》えられる信心の姿勢《しせい》は、まさしく創価の女性《じょせい》たちと重《かさ》なります。

我《わ》が身《み》が即《そく》、仏身《ぶっしん》である

本抄《ほんしょう》では「花《はな》が必《かなら》ず実《み》を結《むす》ぶように、半月《はんげつ》が必《かなら》ず満月《まんげつ》になるように、妙《みょう》の字は必《かなら》ず仏《ほとけ》になる文字《もじ》である」と仰《おお》せです。

妙法を唱《とな》える人は必《かなら》ず仏《ほとけ》になるとの御断言《ごだんげん》です。信仰《しんこう》を貫《つらぬ》いて亡《な》くなった夫《おっと》の高橋殿《たかはしどの》も、また夫《おっと》に先立《さきだ》たれ、幼《おさな》い子《こ》を抱《かか》えながら健気《けなげ》に信心に励《はげ》む妙心尼《みょうしんあま》も、共《とも》に妙法を唱《とな》えているのだから、成仏《じょうぶつ》は絶対《ぜったい》に間違《まちが》いないと激励《げきれい》されているのです。

「妙《みょう》の文字《もじ》が変《へん》じて仏《ほとけ》になる」ということについて、御文《ごもん》では、法華経宝塔《ほうとう》品《ほん》の文《もん》や天台大師《てんだいだいし》の釈《しゃく》を通《とお》して、「法華経を持《たも》つ」とは、「仏身《ぶっしん》を持《たも》つ」ことにほかならず、法華経の一文一句《いちもんいっく》が皆《みな》、仏身《ぶっしん》と同《おな》じであると仰《おお》せです。

しかし、凡夫《ぼんぷ》は、ただの文字《もじ》としか見《み》ることができない。あたかも、暗闇《くらやみ》では人影《ひとかげ》が見《み》えないことと同《おな》じであると譬《たと》えられています。

「この妙《みょう》の字《じ》は仏《ほとけ》にておわし候《そうろう》なり」と重《かさ》ねて仰《おお》せの通《とお》り、「妙《みょう》」の一字は仏《ぶっ》身《しん》そのものです。「御義口伝《おんぎくでん》」には、「法華経《ほけきょう》を持《たも》ち奉《たてまつ》るとは、我《わ》が身《み》は仏身《ぶっしん》なりと持《たも》つなり」（新一〇三五ジペー・全七四二ジペー）とも仰《おお》せです。凡夫《ぼんぷ》の我《わ》が身《み》が即《そく》、仏身《ぶっしん》なり——これが妙法を持《たも》つ功徳《くどく》なのです。

さらに拝読御文《はいどくごもん》では、「妙《みょう》」の意義《いぎ》について、月、太陽、星《ほし》、鏡《かがみ》、衣《ころも》、食《た》べ物《もの》、花《はな》、大地《だいち》、大海《たいかい》でもあると述《の》べられています。宇宙《うちゅう》、自然《しぜん》、人間《にんげん》に具《そな》わる一切《いっさい》の大功徳《だいくどく》が、「妙《みょう》」の文字《もじ》に納《おさ》まっているのです。ゆえに「如意宝珠《にょいほうしゅ》のた《珠》ま」とあるように、意《い》のままに無量《むりょう》の宝《たから》を取《と》り出《いだ》すことができます。妙法を唱《とな》え、信心を貫《つらぬ》き通《とお》す人の功徳《くどく》とは、かくも絶大《ぜつだい》なのです。それは、時《とき》がたてばたつほど、実感《じっかん》できるものです。信仰《しんこう》の本当《ほんとう》の功徳《くどく》とは、「冥益《みょうやく》」〈注4〉だからです。

若木《わかぎ》は歳月《さいげつ》とともに大地《だいち》に盤石《ばんじゃく》な根《ね》を張《は》って、嵐《あらし》にも微動《びどう》だにしない大樹《たいじゅ》となります。同《おな》じように、その人ならではの個性《こせい》を生《い》かした花《はな》を爛漫《らんまん》と咲《さ》かせ、福徳《ふくとく》の枝《えだ》を繁《しげ》らせて、「自他共《じたとも》の幸福《こうふく》」という豊《ゆた》かな実《みの》りをもたらすのです。戸田城聖《じょうせい》先生は、この冥益《みょうやく》を「絶対的幸福《ぜったいてきこうふく》」の確立《かくりつ》とも言《い》われたのです。まさしく、生《い》きていること自体《じたい》が楽《たの》しくて仕方《しかた》のない大境涯《だいきょうがい》です。

「持続《じぞく》」とは日々《ひび》の挑戦《ちょうせん》の中《なか》に

そこで先《さき》ほどの「御義口伝《おんぎくでん》」の一節《いっせつ》の後《あと》に「仏身《ぶっしん》を持《たも》つとは、我《わ》が身《み》の外《ほか》に仏無《ほとけな》しと持《たも》つを云《い》うなり」（新一〇三五ページ・全七四二ページ）と仰《おお》せです。

大切《たいせつ》なことは、我《わ》が身《み》が尊極《そんごく》な仏《ほとけ》の生命《せいめい》であると確信《かくしん》して、「妙《みょう》」の一字を持《たも》つことです。「持《たも》つ」とは、持《たも》ち切《き》ること、持《たも》ち抜《ぬ》くことです。つまり「持《じ》続《ぞく》」の信心です。

持続《じぞく》とは、日々《ひび》発心《ほっしん》、日々《ひび》挑戦《ちょうせん》であり、日々《ひび》前進《ぜんしん》、日々《ひび》向上《こうじょう》、そして日々《ひび》勝《しょう》利《り》の異名《いみょう》です。

大聖人が「水《みず》のごとくと申《もう》すは、いつもたい《退》せず信《しん》ずるなり」（新一八七一ページ・全一五四四ページ）と教《おし》えられている通《とお》り、どこまでも妙法への「信《しん》」を根本《こんぽん》に、自己《じこ》を磨《みが》き、鍛《きた》え抜《ぬ》いていくことです。

また、「始《はじ》めより終《お》わりまで、いよいよ信心《しんじん》をいたすべし。さなくして、後《こう》悔《かい》やあらんずらん」（新二〇六三ページ・全一四四〇ページ）とも仰《おお》せです。

何《なに》があろうと、いよいよ強盛《ごうじょう》な信心を奮《ふる》い起《お》こし、忍耐強《にんたいづよ》く悔《く》いなく前進《ぜんしん》していく。真面目《まじめ》に地道《じみち》に信心した人が、絶望《ぜつぼう》に支配《しはい》されることは断《だん》じてありません。信仰《しんこう》とは究極《きゅうきょく》の希望《きぼう》の源泉《げんせん》です。いかなる状況《じょうきょう》でも、意味《いみ》を見《み》いだし、「一歩《いっぽ》、前《まえ》へ」と進《すす》む智慧《ちえ》と力《ちから》を発揮《はっき》できるからです。

本当《ほんとう》の功徳《くどく》とは、こうした揺《ゆ》るぎなき金剛不壊《こんごうふえ》の境涯《きょうがい》を築《きず》き上《あ》げる「冥益《みょうやく》」にこそあるといってよいでしょう。

大聖人は佐渡《さど》の天地《てんち》で、「当世日本国《とうせいにほんこく》に第一《だいいち》に富《と》める者《もの》は日蓮《にちれん》なるべし」(新一〇一ジペー・全二二三ジペー)と宣言《せんげん》されました。これが御本仏《ごほんぶつ》の御境涯《ごきょうがい》です。いかなる迫害《はくがい》も大聖人のお心《こころ》を縛《しば》り付《つ》けることなどできなかったのです。

大聖人の仏法を実践《じっせん》し、広布に生《い》き抜《ぬ》く学会員も、この大精神《だいせいしん》に連《つら》なっていくのです。

仏法は、賢《かしこ》い人間、強《つよ》い人間、善《よ》き人間、偉大《いだい》なる人間を創《つく》るための宗教《しゅうきょう》です。まさしく、人間革命の宗教《しゅうきょう》です。創価学会は、この人間自身《じしん》の変革《へんかく》を通《とお》して、世界中《せかいじゅう》に平和《へいわ》と文化《ぶんか》と教育《きょういく》の連帯《れんたい》を拡大《かくだい》してきたのです。

御義口伝《おんぎくでん》

御文

（新一〇一四ジペー・全七二七ジペー）

今《いま》、日蓮等《にちれんら》の類《たぐ》いの心《こころ》は、無上《むじょう》とは南無妙法蓮華経、無上《むじょう》の中《なか》の極無上《ごくむじょう》なり。

この妙法《みょうほう》を指《さ》して「無上宝聚《むじょうほうじゅ》」と説《と》きたもうなり。「宝聚《ほうじゅ》」とは、三世《さんぜ》の諸仏《しょぶつ》の万行万善《まんぎょうまんぜん》・諸波羅蜜《しょはらみつ》の宝《たから》を聚《あつ》めたる南無妙法蓮華経なり。この無上宝聚《むじょうほうじゅ》を、辛労《しんろう》も無《な》く行功《ぎょうく》も無《な》く、一言《いちごん》に受《う》け取《と》る信心《しんじん》なり。「不求自得《ふぐじとく》」とは、これなり。「自《じ》」の字《じ》は十界《じっかい》なり。十界各々得《じっかいおのおのう》るなり。諸法実相《しょほうじっそう》これなり。しかるあいだ、この文《もん》、妙覚《みょうかく》の釈尊《しゃくそん》は我《われ》ら衆生《しゅじょう》の骨肉《こつにく》なり。能《よ》く能《よ》くこれを案《あん》ずべし云々《うんぬん》。

現代語訳

〈信解品六箇《しんげほんろっか》の大事《だいじ》　第五《だいご》「無上宝聚《むじょうほうじゅ》　不求自得《ふぐじとく》（無上《むじょう》の宝聚《ほうじゅ》は、求《もと》めざるに自《おの》ずから得《え》たり）」の事《こと》〉

今《いま》、日蓮とその弟子《でし》たちの心《こころ》は、無上《むじょう》の法《ほう》とは南無妙法蓮華経のことであり、無上《むじょう》の中《なか》の究極《きゅうきょく》の無上《むじょう》である。

この妙法を指《さ》して「無上宝聚《むじょうほうじゅ》」と説《と》いているのである。「宝聚《ほうじゅ》（宝《たから》の集《あつ》まり）」とは三世《さんぜ》の諸仏《しょぶつ》のあらゆる修行《しゅぎょう》、あらゆる善《ぜん》根《こん》のさまざまな波羅蜜《はらみつ》（菩薩《ぼさつ》が実践《じっせん》すべき徳目《とくもく》）の宝《たから》を集《あつ》めた南無妙法蓮華経なのである。

この無上《むじょう》の宝聚《ほうじゅ》を何《なん》の苦労《くろう》もなく、特別《とくべつ》な修行《しゅぎょう》もせず、ただ題目の

「一言《いちごん》」を唱《とな》えることによって、わが身《み》に受《う》け取《と》る信心なのである。ゆえに、「不求自得《ふぐじとく》」というのである。「自《じ》」の字は十界《じっかい》を意味《いみ》している。十界《じっかい》の各々《おのおの》が無上宝聚《むじょうほうじゅ》を得《え》るのである。諸法実相《しょほうじっそう》とは、このことである。それゆえ、この文《もん》は、妙覚《みょうかく》の釈尊《しゃくそん》は我《われ》ら衆生《しゅじょう》の骨肉《こつにく》であることを表《あらわ》している。よくよく、このことを案《あん》じていくべきである。

地道《じみち》の人に無量無辺《むりょうむへん》の大功徳《だいくどく》

地道《じみち》に信心を貫《つらぬ》く人の功徳《くどく》が無量無辺《むりょうむへん》であることについて、さらに「御義口伝《おんぎくでん》」の御文《ごもん》を学《まな》んでいきましょう。

戦時中《せんじちゅう》、当局《とうきょく》に押収《おうしゅう》された牧口常三郎《つねさぶろう》先生の御書に、力強《ちからづよ》く線《せん》が引《ひ》かれていた一段《いちだん》です〈注5〉。

法華経信解品《しんげほん》には「無上宝聚《むじょうほうじゅ》　不求自得《ふぐじとく》（無上《むじょう》の宝聚《ほうじゅ》は　求《もと》めざるに自《おの》ずから得《え》たり）」（法華経二二四㌻）と説《と》かれます。

法華経では初《はじ》めて、これまでの経典《きょうてん》で成仏《じょうぶつ》できないと厳《きび》しく糾弾《きゅうだん》されていた声聞《しょうもん》・縁覚《えんがく》の二乗《にじょう》が、必《かなら》ず成仏《じょうぶつ》できると説《と》かれました。もはや仏《ほとけ》の覚《さと》りを得《え》ることはできないとあきらめていた摩訶迦葉《まかかしょう》たちは大《おお》いに喜《よろこ》び、「無上宝聚《むじょうほうじゅ》　不《ふ》求自得《ぐじとく》」と叫《さけ》んだのです。

この「無上宝聚《むじょうほうじゅ》」について、「御義口伝《おんぎくでん》」では、「無上《むじょう》の宝《たから》の集《あつ》まり」とは、三世十方《さんぜじっぽう》の諸仏《しょぶつ》の功徳《くどく》を集《あつ》めた南無妙法蓮華経であることが示《しめ》されています。妙法こそが「無上《むじょう》の中《なか》の極無上《ごくむじょう》」だからです。

それはまた、仏界《ぶっかい》でもあり、仏界《ぶっかい》を具《そな》えた自分自身《じぶんじしん》の生命《せいめい》とも言《い》えます。すなわち私たちは、仏《ほとけ》の生命《せいめい》という究極《きゅうきょく》の無上《むじょう》の宝《たから》を平等《びょうどう》に持《も》っているということです。

この一生《いっしょう》の内《うち》に大境涯《だいきょうがい》が確立《かくりつ》

続《つづ》いて「不求自得《ふぐじとく》」について、「この無上宝聚《むじょうほうじゅ》を、辛労《しんろう》も無《な》く行功《ぎょうく》も無《な》く、一言《いちごん》に受《う》け取《と》る信心《しんじん》なり」と明《あ》かされます。

ここで「辛労《しんろう》も無《な》く行功《ぎょうく》も無《な》く」とは、ただ単《たん》に何《なん》の苦労《くろう》も修行《しゅぎょう》もなく、という意味《いみ》ではありません。

爾前諸経《にぜんしょきょう》では、成仏《じょうぶつ》までに極《きわ》めて長《なが》い時間《じかん》をかけて修行《しゅぎょう》する「歴劫修行《りゃっこうしゅぎょう》」〈注6〉が説《と》かれていました。これに対《たい》して大聖人は、この一生《いっしょう》のうちに必《かなら》ず成仏《じょうぶつ》できる「一生成仏《いっしょうじょうぶつ》」の法《ほう》を明《あ》かされました。因果倶時《いんがぐじ》〈注7〉の妙法を受《じゅ》持《じ》することで、従来《じゅうらい》の歴劫修行《りゃっこうしゅぎょう》のような「辛労《しんろう》」も、「行功《ぎょうく》」も無《な》く、無上《むじょう》の宝《たから》を我《わ》が物《もの》にすることができる。直《ただ》ちに我《わ》が身《み》に仏《ほとけ》の境涯《きょうがい》を得《え》ることができる、ということです。

さらに「一言《いちごん》に受《う》け取《と》る信心《しんじん》なり」とあるように、末法《まっぽう》の凡夫《ぼんぷ》が成仏《じょうぶつ》するための観心《かんじん》の修行《しゅぎょう》とは、南無妙法蓮華経の御本尊を受持《じゅじ》することです。「受持即《じゅじそく》観心《かんじん》」〈注8〉なのです。

御本尊をひとたび信受《しんじゅ》し、信心を持《たも》ち抜《ぬ》くことで、確《たし》かな幸福《こうふく》の軌道《きどう》へと転《てん》換《かん》し、最高《さいこう》の宝《たから》を求《もと》めずしておのずから得《え》ることができるのです。

「自得《じとく》」ですから、誰《だれ》かから与《あた》えられるものではない。おのずから得《え》るものです。

ゆえに絶対《ぜったい》に、退転《たいてん》してはならない。不信《ふしん》や惰性《だせい》、慢心《まんしん》などは大敵《たいてき》です。どこまでも地道《じみち》な信心の実践《じっせん》を積《つ》み重《かさ》ねていくのです。そうすれば想像《そうぞう》もできなかった、「衆生所遊楽《しゅじょうしょゆうらく》」「自受法楽《じじゅほうらく》」〈注9〉の大境涯《だいきょうがい》を勝《か》ち開《ひら》くことができるのです。

人生《じんせい》の来《こ》し方《かた》を振《ふ》り返《かえ》ると、真面目《まじめ》に信心してきたことで、さまざまな困難《こんなん》も乗《の》り越《こ》え、いつしか悠々《ゆうゆう》たる幸福境涯《こうふくきょうがい》を築《きず》くことができた――この厳《げん》たる功《く》徳《どく》は、それこそ世界中《せかいじゅう》の学会家族《かぞく》の体験《たいけん》が証明《しょうめい》している通《とお》りです。

“必要《ひつよう》なものが自然《しぜん》に具《そな》わる”

戸田先生は言《い》われていました。

「今《いま》の僕《ぼく》の心境《しんきょう》は、大空に真綿《まわた》を広《ひろ》げて、その上《うえ》に大の字になって、ひっくり返《かえ》っているようなものだ。

必要《ひつよう》なものは、自然《しぜん》に具《そな》わってくる。不求自得《ふぐじとく》だ。

この功徳《くどく》は、どこで得《え》たかといえば、二年間の獄中生活《ごくちゅうせいかつ》だ。

しかし、今《いま》は、時代《じだい》が違《ちが》う。牢獄《ろうごく》へ行かなくても、その若《わか》い生命《せいめい》を、尊《とうと》い広宣流布の使命《しめい》に生《い》きて、東奔西走《とうほんせいそう》していきなさい」と。

広宣流布の使命《しめい》に生《い》き抜《ぬ》くならば、必《かなら》ずや最高《さいこう》の幸福境涯《こうふくきょうがい》を光《ひか》り輝《かがや》かせていけるのです。

全世界《ぜんせかい》に「生命尊厳《せいめいそんげん》の哲学《てつがく》」を

人類《じんるい》の宿命転換《しゅくめいてんかん》といっても、究極《きゅうきょく》は、一対一の対話《たいわ》に基《もと》づく、一人一人の生《せい》命《めい》の変革《へんかく》が基盤《きばん》になることは言《い》うまでもありません。

民衆《みんしゅう》一人一人の変革《へんかく》から、社会《しゃかい》の精神《せいしん》土壌《どじょう》も変《か》わっていく——まさに、「平《へい》和裡《わり》に漸進的《ぜんしんてき》な汝自身《なんじじしん》の健全《けんぜん》なる革命《かくめい》」によって、生命尊厳《せいめいそんげん》の思想《しそう》を確立《かくりつ》させていくのが私たちの人間革命の運動《うんどう》です。全《すべ》ては「一人の人間革命」から始《はじ》まります。

マハトマ・ガンジーの令孫《れいそん》であるエラ・ガンジー博士〈注10〉は、全世界《ぜんせかい》に生命尊厳《せいめいそんげん》の哲学《てつがく》を打《う》ち立《た》てる創価学会の平和運動《へいわうんどう》について、こう語《かた》っています。

「非暴力《ひぼうりょく》も、善《ぜん》の行動《こうどう》を促《うなが》す良心《りょうしん》も、また自己《じこ》を律《りっ》する精神《せいしん》も、私が語《かた》ったガンジーの闘争《とうそう》の多《おお》くは、SGI（創価学会インタナショナル）の価値観《かちかん》に共通《きょうつう》するものであると理解《りかい》しています」

一人一人の人間が持《も》つ善性《ぜんせい》を薫発《くんぱつ》して連帯《れんたい》を広《ひろ》げていく私たちの運動《うんどう》に、世《せ》界《かい》の心《こころ》ある人々が期待《きたい》しています。

百周年へ威風堂々《いふうどうどう》と出発《しゅっぱつ》

この変革《へんかく》の挑戦《ちょうせん》に青年たちが勇《いさ》み続《つづ》いてくれています。今《いま》、再《ふた》びの「青年の太陽」が、全世界《ぜんせかい》を人間主義《しゅぎ》の慈愛《じあい》の光明《こうみょう》で力強《ちからづよ》く照《て》らし始《はじ》めているのです。一人の「人間革命」から、「立正安国《りっしょうあんこく》」そして「立正安世界《りっしょうあんせかい》」へ。創立《そうりつ》百周年を目指《めざ》して威風堂々《いふうどうどう》と出発《しゅっぱつ》する創価の友の使命《しめい》は、いやまして大《おお》きい。二十一世紀《せいき》の広宣流布を開拓《かいたく》する使命《しめい》を持《も》つ若《わか》き皆《みな》さんに、あらためて、「青年の譜《ふ》」の結《むす》びの一節《いっせつ》を贈《おく》ります。

「青年よ！
生《い》きぬくのだ　断《だん》じて　生《い》きぬくのだ
絢爛《けんらん》とした　総体革命《そうたいかくめい》の主体者《しゅたいしゃ》として
決然《けつぜん》　歴史《れきし》に勝利《しょうり》するのだ

午前八時《ごぜんはちじ》の
青年の太陽《かれ》は　今日《きょう》も昇《のぼ》りゆく！
青年の鼓動《こどう》にあわせて昇《のぼ》りゆく！」

［注　解］

〈注1〉【「青年の譜《ふ》」】一九七〇年（昭和四十五年）十二月、男子部の総会《そうかい》で発表《はっぴょう》された長編詩《ちょうへんし》。池田先生は、創価の大文化運動《だいぶんかうんどう》の先駆《さきが》けとして一九七〇年から次々《つぎつぎ》と詩歌《しいか》を発表《はっぴょう》した。『池田大作全集』第39巻に収録。

〈注2〉【マハトマ・ガンジー】一八六九年〜一九四八年。インドの政治家《せいじか》、民族運動《みんぞくうんどう》の指導者《しどうしゃ》。一八九三年、南《みなみ》アフリカで、インド人に対《たい》する白人《はくじん》の人種差別《じんしゅさべつ》に反対《はんたい》し、サティヤーグラハ（真理《しんり》の把握《はあく》）と呼《よ》ぶ非暴力《ひぼうりょく》の不服従運動《ふふくじゅううんどう》を展開《てんかい》。第一次大戦後《だいいちじたいせんご》、インドに帰国《きこく》し、一九二〇年代初頭《ねんだいしょとう》からインド国民会議派《こくみんかいぎは》を率《ひき》いて独立運動《どくりつうんどう》を指導《しどう》した。インド民族運動《みんぞくうんどう》の指《し》導者《どうしゃ》として、大詩人《だいしじん》タゴールにより、「マハトマ（偉大《いだい》な魂《たましい》）」と呼《よ》ばれた。引用の出典《しゅってん》は『ヒンド・スワラージ』で、訳文《やくぶん》は坂本徳松『ガンジー』旺文社。

〈注3〉【妙心尼御前御返事《みょうしんあまごぜんごへんじ》】建治《けんじ》二年（一二七六年）または同《どう》三年（一二七七年）五月四日、妙《みょう》心尼《しんあま》が夫《おっと》である故入道《こにゅうどう》の追善供養《ついぜんくよう》のために種々《しゅじゅ》の御供養《ごくよう》をしたことへの御返事《ごへんじ》。故人《こじん》を偲《しの》ばれるとともに、妙法は仏《ほとけ》になる種《たね》であり、如意宝珠《にょいほうしゅ》のように一切《いっさい》の功徳《くどく》を含《ふく》むことを示《しめ》されている。

〈注4〉【冥益《みょうやく》】目《め》には見《み》えないが、知《し》らないうちに得《え》ている利益《りやく》。冥利《みょうり》も同《おな》じ意《い》。顕益《けんやく》に対《たい》する語《ご》。冥《みょう》とは、明《あき》らかでないさま、溶《と》け込《こ》んで目《め》に見《み》えないさま、奥深《おくぶか》く遠《とお》いさまをいう。益《やく》とは利益《りやく》のこと。

〈注5〉今回拝《こんかいはい》する御義口伝《おんぎくでん》（日蓮大聖人が、身延《みのぶ》で法華経の要文《ようもん》を講義《こうぎ》され、それを日興上人《にっこうしょうにん》が筆録《ひつろく》したと伝《つた》えられている、上下二巻《かん》の書《しょ》）の一節《いっせつ》は、「信解品六箇《しんげほんろっか》の大事《だいじ》」のうち「第《だい》五《ご》」の講義《こうぎ》から。また、初代会長の牧口常三郎《つねさぶろう》先生が拝読《はいどく》されていた「御義口伝《おんぎくでん》」の当時《とうじ》の出版物《しゅっぱんぶつ》は、霊艮閣版《りょうごんかくばん》の御書と同《おな》じく、戦時下《せんじか》の軍部政府《ぐんぶせいふ》の弾圧《だんあつ》の中《なか》、押収《おうしゅう》された。

〈注6〉【歴劫修行《りゃっこうしゅぎょう》】成仏《じょうぶつ》までに極《きわ》めて長《なが》い時間《じかん》をかけて修行《しゅぎょう》すること。「歴劫《りゃっこう》」とは、いくつもの劫《こう》（長遠《ちょうおん》な時間《じかん》の単位《たんい》）を経《へ》るとの意《い》。

〈注7〉【因果倶時《いんがぐじ》】一念《いちねん》に因《いん》と果《か》が倶《とも》に同時《どうじ》に具《そな》わること。因果異時《いんがいじ》に対《たい》する語《ご》。「因《いん》」とは成《じょう》仏《ぶつ》の因《いん》となる修行《しゅぎょう》（因行《いんぎょう》）、「果《か》」とは仏果《ぶっか》、仏界《ぶっかい》の生命境涯《せいめいきょうがい》をさす。すなわち、因果倶時《いんがぐじ》とは生命《せいめい》には本来的《ほんらいてき》に九界《きゅうかい》と仏界《ぶっかい》が具《そな》わっているということである。

〈注8〉【受持即観心《じゅじそくかんじん》】末法《まっぽう》の凡夫《ぼんぷ》が成仏《じょうぶつ》するための観心《かんじん》（自身《じしん》の心《こころ》を観《かん》じる）の修行《しゅぎょう》は、南無妙法蓮華経の御本尊を受持《じゅじ》することで成就《じょうじゅ》できるということ。

〈注9〉【衆生所遊楽《しゅじょうしょゆうらく》　自受法楽《じじゅほうらく》】「衆生所遊楽《しゅじょうしょゆうらく》」は、法華経如来寿量品第《にょらいじゅりょうほんだい》十六に説《と》かれる一節《いっせつ》で、この娑婆世界《しゃばせかい》は常寂光土《じょうじゃっこうど》（永遠《えいえん》に安穏《あんのん》な国土《こくど》）であり、妙法を持《たも》つ衆生《しゅじょう》の最高《さいこう》の遊楽《ゆうらく》の場所《ばしょ》であることが示《しめ》されている。「自受法楽《じじゅほうらく》」は、「自《みずか》ら法楽《ほうらく》を受《う》く」と読《よ》み、妙法の功《く》徳《どく》である真《しん》の安楽《あんらく》を自身《じしん》で受《う》けること。

〈注10〉【エラ・ガンジー博士】一九四〇年、南《みなみ》アフリカのクワズール・ナタール州《しゅう》生《う》まれ。同国《どうこく》を代表《だいひょう》する平和運動家《へいわうんどうか》。長年《ながねん》にわたって反《はん》アパルトヘイト運動《うんどう》（人種隔離政策撤廃運動《じんしゅかくりせいさくてっぱいうんどう》）を推進《すいしん》した。父《ちち》はマハトマ・ガンジーの次男《じなん》マニラール・ガンジー氏《し》。

〝大《おお》いなる自分《じぶん》〟〝大《おお》いなる使命《しめい》〟の目覚《めざ》め

私たちの信心の究極《きゅうきょく》の目的《もくてき》は、個人《こじん》にあっては「一生成仏《いっしょうじょうぶつ》」であり、社会《しゃかい》にあっては、「広宣流布」即《そく》「立正安国《りっしょうあんこく》」の実現《じつげん》です。すなわち、一人一人が境涯《きょうがい》を高《たか》め、共《とも》に人間革命をしていくことであり、生《せい》命尊厳《めいそんげん》・人間尊敬《そんけい》の思想《しそう》を精神的基盤《せいしんてききばん》とした、幸福《こうふく》で安穏《あんのん》な社会《しゃかい》を築《きず》くことです。

恩師《おんし》・戸田城聖《じょうせい》先生は、「人間革命の精神《せいしん》」について、若《わか》き弟子《でし》に叫《さけ》ばれました。

「真《しん》に国家《こっか》を憂《うれ》い、民衆《みんしゅう》の幸福《こうふく》を願《ねが》う心《こころ》ある青年であるならば、まず自《みずか》らが、この高邁《こうまい》な人間革命の真髄《しんずい》を求《もと》めて、いかなる三類《さんるい》の強敵《ごうてき》・三障四魔《さんしょうしま》とも戦《たたか》い抜《ぬ》き、勝《か》ち抜《ぬ》いて、勇猛精進《ゆうみょうしょうじん》すべきではなかろうか」

より良《よ》き社会《しゃかい》への変革《へんかく》を

当時《とうじ》、戸田先生のもとに集《つど》った青年たちは、入会まもない友《とも》も、病苦《びょうく》を抱《かか》えた友《とも》もいた。経済的《けいざいてき》に苦闘《くとう》している友《とも》も多《おお》かった。

しかし、若《わか》くして偉大《いだい》な妙法と出合《であ》い、自身《じしん》の使命《しめい》を知《し》って、この生命尊厳《せいめいそんげん》の仏法を根幹《こんかん》として平和社会《へいわしゃかい》を実現《じつげん》しようと、果敢《かかん》に前進《ぜんしん》していました。

先生は、未来を託《たく》しゆく、こうした青年たちに教《おし》えられたのです。

――広宣流布は魔性《ましょう》との間断《かんだん》なき闘争《とうそう》である。三障四魔《さんしょうしま》と戦《たたか》い、わが生命《せいめい》に潜《ひそ》む無明《むみょう》〈注1〉の働《はたら》きを打《う》ち破《やぶ》って勇猛精進《ゆうみょうしょうじん》するなかにこそ、自身《じしん》の一生成《いっしょうじょう》仏《ぶっ》があり、人間革命の真髄《しんずい》がある。そして、この民衆《みんしゅう》仏法の運動《うんどう》は、一人一人が自他共《じたとも》の無限《むげん》の可能性《かのうせい》と力《ちから》に目覚《めざ》め、強《つよ》く賢《かしこ》くなって結合《けつごう》し、万人《ばんにん》の幸福《こうふく》とより良《よ》き社会《しゃかい》への変革《へんかく》の主体者《しゅたいしゃ》となっていくことを促《うなが》していく。その新《あたら》しい勢力《せいりょく》の台頭《たいとう》を恐《おそ》れ、既成《きせい》の権威《けんい》・権力《けんりょく》は必《かなら》ず正義《せいぎ》の連帯《れんたい》を攪乱《かくらん》し分断《ぶんだん》しようとするであろう。そこに三類《さんるい》の強敵《ごうてき》が競《きそ》い起《お》こる必然性《ひつぜんせい》がある、と。

民衆《みんしゅう》を不幸《ふこう》に陥《おとしい》れる障魔《しょうま》と敢然《かんぜん》と戦《たたか》い、打《う》ち勝《か》ってこそ、広宣流布と立正安《りっしょうあん》国《こく》は進《すす》んでいくのです。

日蓮大聖人は立宗《りっしゅう》の日より、南無妙法蓮華経という万人成仏《ばんにんじょうぶつ》の大法《だいほう》を掲《かか》げて大闘争《だいとうそう》を開始《かいし》し、幾多《いくた》の大難《だいなん》や迫害《はくがい》の嵐《あらし》を全《すべ》て勝《か》ち越《こ》え、万年《まんねん》にわたる令法久《りょうぼうく》住《じゅう》の道《みち》を切《き》り開《ひら》いてくださいました。

この大聖人の御生涯《ごしょうがい》にあって、最大《さいだい》の法難《ほうなん》が、文永《ぶんえい》八年（一二七一年）九月に起《お》きた「竜《たつ》の口《くち》の法難《ほうなん》」と、それに続《つづ》く「佐渡流罪《さどるざい》」です〈注2〉。

ここでは、「竜《たつ》の口《くち》の法難《ほうなん》」で大聖人が「発迹顕本《ほっしゃくけんぽん》」〈注3〉された意義《いぎ》を学《まな》んでまいりたい。

そして末法《まっぽう》の御本仏《ごほんぶつ》として民衆救済《みんしゅうきゅうさい》のために戦《たたか》い抜《ぬ》いてくださった大聖人の崇高《すうこう》な御精神《ごせいしん》を拝《はい》し、わが創価学会と学会員一人一人の発迹顕本《ほっしゃくけんぽん》とは何《なに》かを確《かく》認《にん》し、共々《ともども》に決意《けつい》を深《ふか》め合《あ》ってまいりたいと思《おも》います。

開目抄《かいもくしょう》

御文　（新一〇二ジペー・全二二三ジペー）

日蓮《にちれん》といいし者《もの》は、去年九月十二日子丑時《きょねんくがつじゅうににちねうしのとき》に頸《くび》はねられぬ。これは魂魄《こんぱく》、佐土国《さどのくに》にいたりて、返《かえ》る年《とし》の二月《にがつ》、雪中《せっちゅう》にしるして有縁《うえん》の弟子《でし》へおくれば、おそろしくておそろしからず。みん人《ひと》いかにおじぬらん。これは釈迦《しゃか》・多宝《たほう》・十方《じっぽう》の諸《しょ》仏《ぶつ》の未来《みらい》日本国《にほんこく》当世《とうせい》をうつし《映》給《たも》う明鏡《みょうきょう》なり。かたみ《形見》ともみ《見》るべし。

現代語訳

日蓮と名乗《なの》った者《もの》は、去年《きょねん》の九月十二日深夜《しんや》、子丑《ねうし》の時《とき》に首《くび》をはねられた。これは、魂魄《こんぱく》が佐渡《さど》の国《くに》に至《いた》って、明《あ》けて二月、雪《ゆき》の中《なか》で記《しる》し、縁《えん》ある弟子《でし》に送《おく》るのであるから、ここに明《あ》かす勧持品《かんじほん》に説《と》かれる難《なん》は恐《おそ》ろしいようであるが、真《しん》の法華経の行者《ぎょうじゃ》にとっては恐《おそ》ろしいものではない。しかし、これを分《わ》からず経文《きょうもん》を見《み》る人は、どれほどおじけづくだろうか。この勧持品《かんじほん》は、釈迦《しゃか》・多宝《たほう》・十方《じっぽう》の諸仏《しょぶつ》が、未来の日本国の今《いま》の世《よ》を映《うつ》された明鏡《めいきょう》である。形見《かたみ》とも見《み》るべきである。

宗教的《しゅうきょうてき》権威《けんい》と既成権力《きせいけんりょく》が結託《けったく》

日蓮大聖人が竜の口《たつのくち》で発迹顕本《ほっしゃくけんぽん》されたことを示《しめ》す「開目抄《かいもくしょう》」〈注4〉の御文《ごもん》です。

文永《ぶんえい》八年（一二七一年）の九月十日、大聖人は平左衛門尉頼綱《へいのさえもんのじょうよりつな》〈注5〉に召喚《しょうかん》されて尋問《じんもん》を受《う》け、二日後の十二日の夕刻《ゆうこく》には、頼綱《よりつな》が率《ひき》いる武装《ぶそう》した多数《たすう》の兵士《へいし》らが草庵《そうあん》へ、捕縛《ほばく》に押《お》し寄《よ》せました。

もとより大聖人は「世間《せけん》の失一分《とがいちぶん》もなし」（新一二八八ジペー・全九五八ジペー）です。大聖人との祈雨《きう》の対決《たいけつ》に敗北《はいぼく》した極楽寺良観《ごくらくじりょうかん》〈注6〉や、邪悪《じゃあく》な本性《ほんしょう》を破折《はしゃく》された念阿良忠《ねんありょうちゅう》〈注7〉らが法論《ほうろん》を避《さ》けて政治権力《せいじけんりょく》に働《はたら》きかけ、その冤罪《えんざい》によって、大聖人は不当《ふとう》に捕《と》らえられたのです。

しかし、全《すべ》ては経文《きょうもん》の通《とお》りの迫害《はくがい》であり、大聖人は頼綱《よりつな》に対《たい》して、謗法《ほうぼう》を禁《きん》じて正法《しょうほう》を用《もち》いなければ、「立正安国論《りっしょうあんこくろん》」で予言《よげん》した自界叛逆難《じかいほんぎゃくなん》と他国侵逼難《たこくしんぴつなん》の二難《になん》が必《かなら》ず起《お》こることを、再《ふたた》び強《つよ》く諫暁《かんぎょう》されたのです。

捕縛後《ほばくご》、一度《いちど》は佐渡流罪《さどるざい》と決《き》まったようです。その夜《よる》は佐渡国《さどのくに》の守護《しゅご》であった北条宣時《ほうじょうのぶとき》〈注8〉邸《てい》に預《あず》けられて勾留《こうりゅう》されることになった。ところが、深夜《しんや》に突然《とつぜん》、大聖人は連《つ》れ出《だ》され、鎌倉《かまくら》の外《はず》れの竜《たつ》の口《くち》にまで連行《れんこう》されました。大聖人を強《つよ》く憎《にく》む幕府要人《ばくふようじん》たちによって、内々《ないない》で斬首《ざんしゅ》が謀《はか》られていたのです。

しかしながら、まさに頸《くび》を刎《は》ねようとした時《とき》に、江《え》の島《しま》の方《ほう》から「月《つき》のごとくひかり《光》たる物《もの》」（新一二三一ページ・全九一四ページ）が出現《しゅつげん》し、企《くわだ》ては失敗《しっぱい》した——これが竜《たつ》の口《くち》の法難《ほうなん》の経緯《けいい》です。

智慧《ちえ》と慈悲《じひ》と勇気《ゆうき》の自在《じざい》の境地《きょうち》

先《さき》の「開目抄《かいもくしょう》」の御文《ごもん》で、実際《じっさい》には斬首《ざんしゅ》できなかったのに、「頸《くび》はね《刎》られぬ」と述《の》べられているのは、なぜか。ここに発迹顕本《ほっしゃくけんぽん》の深義《じんぎ》があります。

それは、「日蓮《にちれん》といいし者《もの》は」とあるように、日蓮と名乗《なの》って生《い》き抜《ぬ》かれてきたこれまでのお立場《たちば》は、竜《たつ》の口《くち》で終《お》わったことを示《しめ》していると拝《はい》されます。

竜《たつ》の口《くち》から、大聖人は相模国依智《さがみのくにえち》（神奈川県厚木市北部《あつぎしほくぶ》）の本間重連《ほんましげつら》〈注9〉の館《やかた》に移送《いそう》され、最終的《さいしゅうてき》に佐渡流罪《さどるざい》が決定《けってい》するまで一カ月ほど滞在《たいざい》されました。この依智《えち》で認《したた》められた御書で、転重軽受《てんじゅうきょうじゅ》の法理《ほうり》について述《の》べられています（「転重軽受法門《てんじゅうきょうじゅほうもん》」、新一三五六ジペー・全一〇〇〇ジペー）。

すなわち、不軽菩薩《ふきょうぼさつ》〈注10〉と同《おな》じように、難《なん》に遭《あ》うことによって「其罪畢已《ございひっち》」〈注11〉――過去《かこ》の罪障《ざいしょう》を消滅《しょうめつ》させることができ、仏《ほとけ》の最高《さいこう》の覚《さと》りを得《え》たということです。悪世《あくせ》に生《う》まれた苦悩《くのう》に悩《なや》む末法《まっぽう》の凡夫《ぼんぷ》が、護法《ごほう》の功徳《くどく》の力《ちから》で、遠《とお》い過去世《かこせ》から抱《かか》えてきた謗法《ほうぼう》の罪《つみ》を転重軽受《てんじゅうきょうじゅ》して其罪畢已《ございひっち》することができた。煩悩《ぼんのう》に突《つ》き動《うご》かされ悪業《あくごう》を重《かさ》ね苦悩《くのう》にあえぐという、煩悩《ぼんのう》・業《ごう》・苦《く》の三道《さんどう》〈注12〉という負《ふ》の連鎖《れんさ》を、断《た》ち切《き》ることができるということです。

そして「魂魄《こんぱく》、佐土国《さどのくに》にいたりて」と仰《おお》せです。「魂魄《こんぱく》」とは、この煩悩《ぼんのう》・業《ごう》・苦《く》を転《てん》じる元初《がんじょ》の生命《せいめい》ということです。すなわち、「法身《ほっしん》」「報身《ほうしん》」「応身《おうじん》」〈注13〉という仏《ほとけ》の三つの本質的特徴《ほんしつてきとくちょう》を具《そな》えた如来《にょらい》の生命《せいめい》です。宇宙《うちゅう》と自《じ》身《しん》を貫《つらぬ》く真理《しんり》である妙法を覚知《かくち》し、いかなる苦難《くなん》にも立《た》ち向《む》かう勇気《ゆうき》を持《も》ち、最高《さいこう》の智慧《ちえ》を発揮《はっき》して勝《か》ち越《こ》えていける。そして、あらゆる生命《せいめい》に無限《むげん》の慈悲《じひ》を注《そそ》いでいく自在《じざい》の境地《きょうち》です。この卓越《たくえつ》した境地《きょうち》を凡夫《ぼんぷ》の身《み》を離《はな》れることなく御自身《ごじしん》の内面《ないめん》に証得《しょうとく》し、確立《かくりつ》されたのです。

いうなれば、不惜身命《ふしゃくしんみょう》の如説修行《にょせつしゅぎょう》によって、末法《まっぽう》の凡夫《ぼんぷ》の生命《せいめい》に、内《うち》なる本《ほん》来《らい》の仏《ほとけ》の境地《きょうち》を顕《あらわ》してくださったのです。まさしく、「開目抄《かいもくしょう》」には主師親《しゅししん》を具備《ぐび》した末法《まっぽう》の御本仏《ごほんぶつ》としての民衆救済《みんしゅうきゅうさい》の大境涯《だいきょうがい》が厳然《げんぜん》と示《しめ》されています。これが日蓮大聖人の発迹顕本《ほっしゃくけんぽん》です。

元初《がんじょ》の仏《ほとけ》の境涯《きょうがい》は万人《ばんにん》に

この「開目抄《かいもくしょう》」には「我《われ》ならびに我《わ》が弟子《でし》、諸難《しょなん》ありとも疑《うたが》う心《こころ》なくば、自《じ》然《ねん》に仏界《ぶっかい》にいたるべし。天《てん》の加護《かご》なきことを疑《うたが》わざれ。現世《げんぜ》の安穏《あんのん》ならざることを歎《なげ》かざれ」（新一一七ページ・全二三四ページ）という有名《ゆうめい》な一節《いっせつ》があります。ここで「我《われ》ならびに我《わ》が弟子《でし》」「自然《じねん》に仏界《ぶっかい》にいたるべし」と言《い》われているように、大聖人の生命《せいめい》に本来的《ほんらいてき》に具《そな》わる元初《がんじょ》の仏《ほとけ》の境涯《きょうがい》は、私たち一人一人にも具《そな》わっているのです。

しかし、衆生《しゅじょう》は、自身《じしん》の生命《せいめい》を覆《おお》っている迷《まよ》いや苦悩《くのう》にとらわれている限《かぎ》り、奥底《おうてい》の仏《ほとけ》の境涯《きょうがい》に気《き》づくことができないのです。

そこで大聖人は、御自身《ごじしん》のお姿《すがた》、お振《ふ》る舞《ま》いや御教示《ごきょうじ》を通《とお》し、また、門下《もんか》と対話《たいわ》するように手紙《てがみ》を書《か》き続《つづ》け、一人一人が御自身《ごじしん》と同《おな》じ仏《ほとけ》の境涯《きょうがい》を開《ひら》いていけるように激励《げきれい》を重《かさ》ねてくださっています。

それは、門下《もんか》が師子王《ししおう》の心《こころ》を取《と》り出《いだ》して、どこまでも不退《ふたい》の信心を貫《つらぬ》いた時《とき》に、本来自身《ほんらいじしん》に具《そな》わっている仏《ほとけ》と同《おな》じ智慧《ちえ》と勇気《ゆうき》と慈悲《じひ》の大境涯《だいきょうがい》を現《あらわ》していけるということです。

それゆえに、凡夫成仏《ぼんぷじょうぶつ》の鍵《かぎ》は、大聖人が示《しめ》された如説修行《にょせつしゅぎょう》の実践《じっせん》にあります。本抄《ほんしょう》の結《むす》びにおいて、民衆《みんしゅう》の苦悩《くのう》の根源《こんげん》である魔性《ましょう》と戦《たたか》う、折伏行《しゃくぶくぎょう》の実践《じっせん》を呼《よ》び掛《か》けられているのも、〝わが発迹顕本《ほっしゃくけんぽん》に続《つづ》け〟との御真情《ごしんじょう》と拝《はい》せられます。

「当世《とうせい》をうつし《映》給《たも》う明鏡《みょうきょう》なり」

先《さき》ほど掲《かか》げた「開目抄《かいもくしょう》」の一段《いちだん》のうち、後半部分《こうはんぶぶん》は、〝三類《さんるい》の強敵《ごうてき》の本質《ほんしつ》を見破《みやぶ》り、戦《たたか》い抜《ぬ》いていけ〟との御指南《ごしなん》とも受《う》け止《と》められます。

御文《ごもん》には「返《かえ》る年《とし》の二月《にがつ》、雪中《せっちゅう》にしるし《記》て有縁《うえん》の弟子《でし》へおくれ《送》ば」とあります。これは、流罪地《るざいち》の佐渡《さど》に到着《とうちゃく》されてからまもなく書《か》き起《お》こされた「開目《かいもく》抄《しょう》」が、翌年《よくねん》の文永《ぶんえい》九年（一二七二年）二月に完成《かんせい》し、四条金吾《しじょうきんご》に託《たく》して有縁《うえん》の弟子《でし》たちに送《おく》られた、ということです。

続《つづ》いて「おそろしくておそろしからず」と仰《おお》せです。法華経勧持品《かんじほん》に説《と》かれる三類《さんるい》の強敵《ごうてき》は、恐《おそ》ろしいように見《み》えても、法華経の行者《ぎょうじゃ》にとっては、本当《ほんとう》は恐《おそ》ろしいものではない、ゆえに、断《だん》じて恐《おそ》れるな、との、門下《もんか》に対《たい》する烈々《れつれつ》たる励《はげ》ましでもありましょう。

一方《いっぽう》で、「みん人《ひと》いかにおじぬらん」とあります。大聖人と共《とも》に法華経の行《ぎょう》者《じゃ》として生《い》き抜《ぬ》く覚悟《かくご》がない者《もの》は、この勧持品《かんじほん》の経文《きょうもん》を見《み》れば、必《かなら》ずおじけづくであろうということです。

三類《さんるい》の強敵《ごうてき》、なかんずく僭聖増上慢《せんしょうぞうじょうまん》は、それほど脅威《きょうい》となる存在《そんざい》であるが、しかし同時《どうじ》に、法華経の行者《ぎょうじゃ》としての透徹《とうてつ》した信心があれば、必《かなら》ず打《う》ち破《やぶ》ることができる、との大確信《だいかくしん》が込《こ》められています。

事実《じじつ》、竜《たつ》の口《くち》の法難《ほうなん》の背後《はいご》にいた、極楽寺良観《ごくらくじりょうかん》は「生《い》き仏《ぼとけ》」のように崇《あが》められる一方《いっぽう》、その本性《ほんしょう》は利欲《りよく》を貪《むさぼ》って権力《けんりょく》と結託《けったく》し、法華経の行者《ぎょうじゃ》に敵対《てきたい》し迫害《はくがい》する、三類《さんるい》の強敵《ごうてき》の中《なか》で最《もっと》も手強《てごわ》い僭聖増上慢《せんしょうぞうじょうまん》そのものです。

大聖人の妙法弘通《ぐつう》は、そのまま三類《さんるい》の強敵《ごうてき》との闘争《とうそう》でもありました。松葉《まつば》ケ《が》谷《やつ》の法難《ほうなん》、伊豆流罪《いずるざい》、小松原《こまつばら》の法難《ほうなん》という大難《だいなん》をはじめ、数々《かずかず》の難《なん》を受《う》けながら一歩《いっぽ》も退《しりぞ》く心《こころ》なく正法《しょうほう》を弘《ひろ》められたのです。

そして竜《たつ》の口《くち》の頸《くび》の座《ざ》という、文字通《もじどお》り絶体絶命《ぜったいぜつめい》の最大《さいだい》の法難《ほうなん》をも厳然《げんぜん》と、そして悠然《ゆうぜん》と勝《か》ち越《こ》えられたのです。

後《のち》に大聖人は、この時《とき》のことを回想《かいそう》され、「竜《たつ》の口《くち》までもかち《勝》ぬ」（新一一七六ページ・全八四三ページ）との勝利《しょうり》の宣言《せんげん》をされています。

「開目抄《かいもくしょう》」の続《つづ》く御文《ごもん》に、「釈迦《しゃか》・多宝《たほう》・十方《じっぽう》の諸仏《しょぶつ》の未来日本国当世《みらいにほんこくとうせい》をうつ《映》し給《たも》う明鏡《みょうきょう》なり。かた《形》み《見》ともみ《見》るべし」と仰《おお》せです。

まさにこの一節《いっせつ》は、勧持品《かんじほん》を身読《しんどく》し、三類《さんるい》の強敵《ごうてき》にも断《だん》じて屈《くっ》することなく、第六天《だいろくてん》の魔王《まおう》を打《う》ち破《やぶ》った晴《は》れ晴《ば》れとした大境涯《だいきょうがい》を示《しめ》されたものと拝《はい》されます。

“内面《ないめん》に仏《ほとけ》の境地《きょうち》”“外《そと》に菩薩《ぼさつ》の行動《こうどう》”

発迹顕本《ほっしゃくけんぽん》をされ、大聖人は、いやまして本来《ほんらい》の仏界《ぶっかい》の生命《せいめい》から湧《わ》き上《あ》がる大《だい》願《がん》に生《い》き抜《ぬ》かれていきます。それは、自我偈《じがげ》に説《と》かれる釈尊《しゃくそん》の「『毎自作是《まいじさぜ》念《ねん》』の悲願《ひがん》」〈注14〉と一体《いったい》の、全《すべ》ての人を揺《ゆ》るぎない幸福《こうふく》へと到達《とうたつ》させたいという願《ねが》いです。

発迹顕本《ほっしゃくけんぽん》といっても、凡夫《ぼんぷ》の身《み》を離《はな》れて、何《なに》か特別《とくべつ》な姿《すがた》になるということではありません。どこまでも現実社会《げんじつしゃかい》の中《なか》にあって、菩薩《ぼさつ》としての行動《こうどう》を貫《つらぬ》くということです。それが法華経で示《しめ》された十界互具《じっかいごぐ》の法理《ほうり》の眼目《がんもく》でもあります。

すなわち、大聖人の内面《ないめん》の境地《きょうち》は、元初《がんじょ》の仏《ほとけ》、永遠《えいえん》の仏《ほとけ》の御境涯《ごきょうがい》そのものですが、現実社会《げんじつしゃかい》における外《そと》に現《あらわ》れた働《はたら》きにおいては、教主釈尊《きょうしゅしゃくそん》から末法《まっぽう》弘通《ぐつう》を付嘱《ふぞく》された「地涌《じゆ》の菩薩《ぼさつ》」の棟梁《とうりょう》である「上行菩薩《じょうぎょうぼさつ》」〈注15〉の行動《こうどう》であり振《ふ》る舞《ま》いです。

釈尊滅後《しゃくそんめつご》、末法《まっぽう》において人々を救《すく》い続《つづ》ける地涌《じゆ》の菩薩《ぼさつ》は「本法所持《ほんぽうしょじ》の人《ひと》」（新一四二二ペ ジー・全一二五一ペ ジー）として、久遠《くおん》の仏《ほとけ》と同《おな》じ法《ほう》を持《たも》っています。しかし、あくまでこの悪世《あくせ》の娑婆世界《しゃばせかい》〈注16〉では、菩薩《ぼさつ》として悩《なや》める人々の真《ま》っただ中《なか》で妙法の広宣流布に励《はげ》み、民衆《みんしゅう》の幸福《こうふく》と平和《へいわ》で安穏《あんのん》な社会《しゃかい》の構築《こうちく》を目指《めざ》していく――このことを自《みずか》らの振《ふ》る舞《ま》いで示《しめ》されているのです。

また、強大《きょうだい》な権力《けんりょく》が暴力《ぼうりょく》を使《つか》って襲《おそ》いかかってきた危機《きき》にあっても、誰《だれ》も大聖人のお命《いのち》を奪《うば》うことはできなかった。このこと自体《じたい》、九界《きゅうかい》の姿《すがた》である生身《なまみ》の凡夫《ぼんぷ》に本来具《ほんらいそな》わる仏《ほとけ》の金剛不壊《こんごうふえ》の大生命《だいせいめい》が破《やぶ》られることはない、との証左《しょうさ》です。大聖人が立宗《りっしゅう》の時《とき》に誓《ちか》われた民衆救済《みんしゅうきゅうさい》の不退《ふたい》の大誓願《だいせいがん》は、ますます強《つよ》く盛《さか》んになっているのです。

そして、大聖人の大慈大悲《だいじだいひ》は、御自身《ごじしん》が発迹顕本《ほっしゃくけんぽん》されたように、末法《まっぽう》の民衆《みんしゅう》一人一人が発迹顕本《ほっしゃくけんぽん》していくことを願《ねが》われておりました。その意義《いぎ》から、発迹《ほっしゃく》顕本《けんぽん》を私たちの実践《じっせん》の上《うえ》でとらえれば、永遠《えいえん》なる仏《ほとけ》の願《ねが》いの継承者《けいしょうしゃ》としての自《じ》覚《かく》に立《た》ち、不屈《ふくつ》の挑戦《ちょうせん》を開始《かいし》することといえましょう。一個《いっこ》の人間が、仏《ほとけ》と同《おな》じ誓願《せいがん》の大道《だいどう》を力強《ちからづよ》く歩《あゆ》み出《だ》す。この不惜《ふしゃく》の民衆《みんしゅう》の連帯《れんたい》が、立正安国《りっしょうあんこく》の大闘争《だいとうそう》を起《お》こし、仏国土《ぶっこくど》を建設《けんせつ》し、平和《へいわ》な楽土《らくど》を実現《じつげん》していく。ここに、日蓮仏法の発迹顕本《ほっしゃくけんぽん》の深義《じんぎ》があると拝《はい》せるのではないでしょうか。

崇峻天皇御書《すしゅんてんのうごしょ》（三種財宝御書《さんしゅざいほうごしょ》）

御文

（新一五九五ページ・全一一七三ページ）

返《かえ》す返《がえ》す今《いま》に忘《わす》れぬことは、頸切《くびき》られんとせし時《とき》、殿《との》はとも《供》してなき《泣》かなし《悲》み給《たま》いしをば、いかなる世《よ》にか忘《わす》れなん。たとい殿《との》の罪《つみ》ふかくして地獄《じごく》に入《い》り給《たま》わば、日蓮《にちれん》をいかに仏《ほとけ》になれ《成》と釈迦仏《しゃかぶつ》こしら《拵》えさせ給《たも》うとも、用《もち》いまいらせ候《そうろう》べからず。同《おな》じく地獄《じごく》なるべし。日蓮《にちれん》と殿《との》と共《とも》に地獄《じごく》に入《い》るならば、釈迦仏《しゃかぶつ》・法華経《ほけきょう》も地獄《じごく》にこそおわしまさずらめ。暗《やみ》に月《つき》の入《い》るがごとく、湯《ゆ》に水《みず》を入《い》るるがごとく、氷《こおり》に火《ひ》をたく《焚》がごとく、日輪《にちりん》にやみ《暗》をなぐる《投》がごとくこそ候《そうら》わんずれ。もしすこし《少》もこのことをたがえ《違》させ給《たも》うならば、日蓮《にちれん》うらみ《恨》させ給《たも》うな。

現代語訳

なんといっても今《いま》でも忘《わす》れられないことは、私が頸《くび》を切《き》られようとした時《とき》、あなたがお供《とも》をしてくださり、馬《うま》の口《くち》にとりついて泣《な》き悲《かな》しまれたことです。このことは、どのような世《よ》になっても忘《わす》れることはできません。

もし、あなたの罪《つみ》が深《ふか》くて地獄《じごく》に入《はい》ってしまわれるようなことがあれば、この日蓮に対《たい》して釈迦仏《しゃかぶつ》が「仏《ほとけ》になりなさい」と、どれほど導《みちび》こうとされようとも、私は従《したが》うことはありません。あなたと同《おな》じく地《じ》獄《ごく》へ入《はい》るでしょう。

日蓮とあなたが共《とも》に地獄《じごく》に入《はい》るなら、釈迦仏《しゃかぶつ》も法華経も地獄《じごく》にこそいらっしゃるにちがいありません。そうなれば、闇夜《やみよ》に月が出《で》るようなものであり、湯《ゆ》に水《みず》を入《い》れ、氷《こおり》に火《ひ》を焚《た》き、太陽に闇《やみ》を投《な》げつけるようなものです。

もし少《すこ》しでも、これまで申《もう》し上《あ》げてきたことに背《そむ》かれるなら、どのようなことになっても日蓮を恨《うら》んではなりません。

師匠《ししょう》と共《とも》に生《い》き抜《ぬ》いた四条金吾《しじょうきんご》

人生《じんせい》の苦難《くなん》に直面《ちょくめん》する四条金吾《しじょうきんご》に対《たい》して、「心《こころ》の財《たから》」や「人の振《ふ》る舞《ま》い」の大切《たいせつ》さを教《おし》えられた「崇峻天皇御書《すしゅんてんのうごしょ》」〈注17〉で、竜《たつ》の口《くち》の法難《ほうなん》での師弟《してい》の強《つよ》き絆《きずな》について述懐《じゅっかい》された一節《いっせつ》です。

法難《ほうなん》の際《さい》、移動《いどう》の途中《とちゅう》で、大聖人が使《つか》いを出《だ》して四条金吾《しじょうきんご》を呼《よ》ばれたことは有名《ゆうめい》です。大聖人御自身《ごじしん》が毅然《きぜん》と戦《たたか》われるお姿《すがた》を直接見《ちょくせつみ》せることで、法華経の行者《ぎょうじゃ》の不惜身命《ふしゃくしんみょう》の実践《じっせん》を弟子《でし》に教《おし》えようとされたのでしょう。

四条金吾《しじょうきんご》は、即座《そくざ》に兄弟《きょうだい》と共《とも》に裸足《はだし》で駆《か》けつけます。いざというときは、自《みずか》らも腹《はら》を切《き》る覚悟《かくご》で竜《たつ》の口《くち》までお供《とも》します。

そして、いよいよ斬首《ざんしゅ》されるというその時《とき》に金吾《きんご》が感情《かんじょう》を抑《おさ》えきれず泣《な》き悲《かな》しむと、大聖人は「不《ふ》かく《覚》のとの《殿》ばら《原》かな。これほどの悦《よろこ》びをばわら《笑》えかし」（新一二三一ページ・全九一三ページ）と悠然《ゆうぜん》と語《かた》られました。

まさに命《いのち》を奪《うば》われようとする瞬間《しゅんかん》に、「これ以上《いじょう》の喜《よろこ》びはない」「笑《わら》い給《たま》え」と胸《むね》を張《は》って高《たか》らかに宣言《せんげん》されたのです。広宣流布という久遠《くおん》の大願《だいがん》に生《い》き抜《ぬ》かれる大聖人の大境涯《だいきょうがい》からの王者《おうじゃ》の師子吼《ししく》であられました。

竜《たつ》の口《くち》の法難《ほうなん》における大聖人の発迹顕本《ほっしゃくけんぽん》は、末法《まっぽう》の民衆《みんしゅう》を救《すく》う主体者《しゅたいしゃ》、すなわち末法《まっぽう》の御本仏《ごほんぶつ》としての御境涯《ごきょうがい》を顕《あらわ》されるとともに、一個《いっこ》の人間がいかに偉《い》大《だい》であるかを、弟子《でし》に示《しめ》された「師弟《してい》の儀式《ぎしき》」でもあったと、私には思《おも》われてなりません。
師匠《ししょう》の命《いのち》懸《が》けの大法戦《だいほうせん》を最《もっと》も信頼《しんらい》する弟子《でし》の心《こころ》に刻《きざ》み付《つ》け、未来永劫《えいごう》に繋《つな》げようとされたのではないかと拝《はい》されます。

だからこそ、竜の口《くち》まで駆《か》けつけ、お供《とも》をしようとした金吾《きんご》のことを、大聖人は永遠《えいえん》に忘《わす》れないと仰《おお》せです。そして金吾《きんご》が万《まん》が一《いち》にも地獄《じごく》に入《はい》ってしまうようなことがあれば、大聖人も仏《ほとけ》になる道《みち》には従《したが》わず、共《とも》に地獄《じごく》に入《はい》るとまで述《の》べられます。そうであるならば、釈迦仏《しゃかぶつ》も法華経も共《とも》に地獄《じごく》にある。もはや、地獄《じごく》は地獄《じごく》ではなく、仏土《ぶつど》となっていく。したがって金吾《きんご》の成仏《じょうぶつ》は絶対《ぜったい》に疑《うたが》いないと賞讃《しょうさん》されているのです。

人類《じんるい》の境涯《きょうがい》を高《たか》めゆく聖業《せいぎょう》を

この甚深《じんじん》なる師弟《してい》の誓願《せいがん》の絆《きずな》に連《つら》なり、七百年の後《のち》に不惜身命《ふしゃくしんみょう》の実践《じっせん》を貫《つらぬ》いたのが、創価学会の先師《せんし》・牧口常三郎《つねさぶろう》先生であり、恩師《おんし》・戸田先生です。私もまた不二《ふに》の道《みち》をただひたすら進《すす》み抜《ぬ》いてきました。

そして、今《いま》や日本はもとより、世界《せかい》百九十二カ国・地域《ちいき》で、この創価の大道《だいどう》を歩《あゆ》む友《とも》が陸続《りくぞく》と続《つづ》いてくれています。

仏意仏勅《ぶついぶっちょく》に生《い》き抜《ぬ》き、仏界《ぶっかい》の生命《せいめい》を涌現《ゆげん》させて困難《こんなん》に挑戦《ちょうせん》し、打《う》ち破《やぶ》り、希《き》望《ぼう》と安心《あんしん》、幸福《こうふく》と平和《へいわ》の宝土《ほうど》を築《きず》き広《ひろ》げているのが学会員の尊《とうと》き実践《じっせん》です。

今《いま》、一人一人が〝大《おお》いなる自分《じぶん》〟、すなわち地涌《じゆ》の菩薩《ぼさつ》の本領《ほんりょう》を発揮《はっき》し、〝大《おお》いなる使命《しめい》〟、すなわち広宣流布と立正安国《りっしょうあんこく》の大願《だいがん》を掲《かか》げ、人類《じんるい》の境涯《きょうがい》を高《たか》めゆく聖業《せいぎょう》に邁進《まいしん》しています。

それは、自身《じしん》の誓願《せいがん》に立《た》ち、いかなる障魔《しょうま》にも負《ま》けない不退《ふたい》の覚悟《かくご》を決定《けつじょう》し、自身《じしん》にとっての発迹顕本《ほっしゃくけんぽん》をしていく証《あか》しであるとも言《い》えます。この、わが発迹顕本《ほっしゃくけんぽん》は「歓喜《かんき》の中《なか》の大歓喜《だいかんき》」であるゆえに、決《けっ》して自分《じぶん》一人の内面《ないめん》にとどまりません。「随喜《ずいき》する声《こえ》を聞《き》いて随喜《ずいき》し」（新一六四二ジペー・全一一九九ジペー）と仰《おお》せの通《とお》り、感動《かんどう》が感動《かんどう》を呼《よ》び、共感《きょうかん》が共感《きょうかん》を広《ひろ》げ、世界《せかい》広布は大《おお》いなる高《たか》まりを示《しめ》しているのです。

創価家族《かぞく》の人間革命の尊貴《そんき》なる実証《じっしょう》は大聖人の民衆救済《みんしゅうきゅうさい》の信念《しんねん》と行動《こうどう》を現代《げんだい》社会《しゃかい》に継承《けいしょう》し、よみがえらせてきた軌跡《きせき》にほかなりません。

「人間はかくも偉大《いだい》なり」

地球全体《ちきゅうぜんたい》が困難《こんなん》に直面《ちょくめん》する中《なか》、人類《じんるい》の宿命転換《しゅくめいてんかん》のために、今《いま》こそ一人一人が「人間はかくも偉大《いだい》なり」との挑戦《ちょうせん》に生《い》き抜《ぬ》く時《とき》です。

大聖人の「太陽の仏法」が赫々《かっかく》と地球《ちきゅう》を照《て》らし始《はじ》めました。いよいよ、断固《だんこ》として悪世末法《あくせまっぽう》の闇《やみ》を晴《は》らすことを決意《けつい》して、威風堂々《いふうどうどう》と我《われ》らの信念《しんねん》の行動《こうどう》を貫《つらぬ》き通《とお》そうではありませんか！

［注　解］

〈注1〉【無明《むみょう》】生命《せいめい》の根源的《こんげんてき》な無知《むち》。究極《きゅうきょく》の真実《しんじつ》を明《あ》かした妙法を信《しん》じられず理解《りかい》できない癡《おろ》かさ。また、その無知《むち》から起《お》こる暗《くら》い衝動《しょうどう》。

〈注2〉「竜《たつ》の口《くち》の法難《ほうなん》」は、文永《ぶんえい》八年（一二七一年）九月十二日の深夜《しんや》、日蓮大聖人が斬首《ざんしゅ》の危《き》機《き》に遭《あ》われた法難《ほうなん》。詳《くわ》しくは講義参照《こうぎさんしょう》。「佐渡流罪《さどるざい》」は、日蓮大聖人が竜《たつ》の口《くち》の法難《ほうなん》の直《ちょく》後《ご》、不当《ふとう》な審議《しんぎ》の末《すえ》、佐渡《さど》へ流刑《るけい》に処《しょ》せられた法難《ほうなん》。約《やく》二年五カ月に及《およ》ぶ佐渡滞在中《さどたいざいちゅう》は、衣食住《いしょくじゅう》も満足《まんぞく》ではなく、念仏者《ねんぶつしゃ》らにも命《いのち》を狙《ねら》われるという過酷《かこく》な環境《かんきょう》に置《お》かれたが、「開目《かいもく》抄《しょう》」「観心本尊抄《かんじんのほんぞんしょう》」など数多《かずおお》くの重要《じゅうよう》な御書を著《あらわ》され、各地《かくち》の門下《もんか》を励《はげ》まされた。

〈注3〉【発迹顕本《ほっしゃくけんぽん》】「迹《しゃく》を発《ひら》いて本《ほん》を顕《あらわ》す」と読《よ》み下《くだ》す。迹《しゃく》（衆生《しゅじょう》を教《おし》え導《みちび》くために現《あらわ》した仮《かり》の姿《すがた》）を開《ひら》いて、本地《ほんじ》（本来《ほんらい》の境地《きょうち》）を顕《あらわ》すこと。法華経如来寿量品第《にょらいじゅりょうほんだい》十六においては、釈《しゃく》尊《そん》が始成正覚《しじょうしょうがく》という迹《しゃく》を開《ひら》いて久遠実成《くおんじつじょう》という本地《ほんじ》を顕《あらわ》したことを、天台大師《てんだいだいし》が説明《せつめい》した言葉《ことば》。さらに、日蓮大聖人の発迹顕本《ほっしゃくけんぽん》とは、竜《たつ》の口《くち》の法難《ほうなん》を機《き》に、宿業《しゅくごう》や苦悩《くのう》を抱《かか》えた凡《ぼん》夫《ぶ》という姿《すがた》（迹《しゃく》）を開《ひら》き、本来《ほんらい》、生命《せいめい》に具《そな》わる本源的《ほんげんてき》な、慈悲《じひ》と智慧《ちえ》と勇気《ゆうき》にあふれる仏《ほとけ》の境地《きょうち》を、凡夫《ぼんぷ》の身《み》のままで顕《あらわ》されたことをいう。

〈注4〉【開目抄《かいもくしょう》】佐渡流罪中《さどるざいちゅう》、塚原《つかはら》で御述作《ごじゅっさく》になり、文永《ぶんえい》九年（一二七二年）二月、門下一同《もんかいちどう》に与《あた》えられた書《しょ》。日蓮大聖人こそが主師親《しゅししん》の三徳《さんとく》を具《そな》えた末法《まっぽう》の御本仏《ごほんぶつ》であることが明《あ》かされている。

〈注5〉【平左衛門尉頼綱《へいのさえもんのじょうよりつな》】？～一二九三年。北条時宗《ほうじょうときむね》、貞時《さだとき》の二代《だい》に仕《つか》え、内管領《ないかんれい》として得宗《とくそう》家《け》の家政《かせい》を統括《とうかつ》し、また侍所《さむらいどころ》の所司《しょし》（次官《じかん》）として軍事《ぐんじ》、警察《けいさつ》を統括《とうかつ》するなど、鎌倉幕府《かまくらばくふ》の政治上《せいじじょう》の実力者《じつりょくしゃ》として権勢《けんせい》をふるった。大聖人を迫害《はくがい》し、門下《もんか》を弾圧《だんあつ》した。

〈注6〉【極楽寺良観《ごくらくじりょうかん》】一二一七年～一三〇三年。真言律宗《しんごんりっしゅう》（西大寺流律宗《さいだいじりゅうりっしゅう》）の僧《そう》。良観房忍性《りょうかんぼうにんしょう》。文永《ぶんえい》四年（一二六七年）、鎌倉《かまくら》の極楽寺《ごくらくじ》に入《はい》ったので、極楽寺良観《ごくらくじりょうかん》とも呼《よ》ばれる。権力《けんりょく》に取《と》り入《い》って、種々《しゅじゅ》の利権《りけん》を手《て》にする一方《いっぽう》、日蓮大聖人に敵対《てきたい》し、大聖人と門下《もんか》に対《たい》する数々《かずかず》の迫害《はくがい》の黒幕《くろまく》となった。

〈注7〉【念阿良忠《ねんありょうちゅう》】一一九九年～一二八七年。鎌倉時代《かまくらじだい》の浄土宗《じょうどしゅう》の僧《そう》。念阿弥陀仏良忠《ねんあみだぶつりょうちゅう》。法然《ほうねん》の孫弟子《まごでし》にあたり、日蓮大聖人の時代《じだい》には鎌倉《かまくら》の念仏者《ねんぶつしゃ》の中心《ちゅうしん》となっていた。文永《ぶんえい》八年（一二七一年）六月、極楽寺良観《ごくらくじりょうかん》が祈雨《きう》に失敗《しっぱい》した後《のち》に、大聖人は行敏《ぎょうびん》から提訴《ていそ》されたが、大聖人が出《だ》された反駁書《はんばくしょ》「行敏訴状御会通《ぎょうびんそじょうごえつう》」（新八六八ページ・全一八〇ページ）では、良観《りょうかん》や道阿弥陀仏《どうあみだぶつ》とともに念阿弥陀仏《ねんあみだぶつ》がこの訴状《そじょう》に関《かか》わっていることが明《あき》らかにされている。「開目抄《かいもくしょう》」（新一一〇ページ・全二二九ページ）でも、良観《りょうかん》と共《とも》に偽書《ぎしょ》を作成《さくせい》して幕府《ばくふ》へ提出《ていしゅつ》する謀略《ぼうりゃく》ぶりを暴《ばく》露《ろ》され僭聖増上慢《せんしょうぞうじょうまん》の一人として挙《あ》げられている。

〈注8〉【北条宣時《ほうじょうのぶとき》】一二三七年〜一三二三年。幕府《ばくふ》の有力者《ゆうりょくしゃ》。武蔵守殿等《むさしのかみどのとう》と呼《よ》ばれた。父《ちち》・北条《ほうじょう》（大仏《おさらぎ》）朝直《ともなお》は念阿良忠《ねんありょうちゅう》の信奉者《しんぽうしゃ》。宣時《のぶとき》は、竜《たつ》の口《くち》の法難《ほうなん》の際《さい》、日蓮大聖人の身柄《みがら》を預《あず》かる立場《たちば》であった。また佐渡国《さどのくに》の守護《しゅご》であった宣時《のぶとき》は、虚御教書《そらみぎょうしょ》（虚偽《きょぎ》の幕府《ばくふ》の命令書《めいれいしょ》）を作《つく》り、流罪中《るざいちゅう》の大聖人と門下《もんか》に迫害《はくがい》を加《くわ》えた。

〈注9〉【本間重連《ほんましげつら》】本間六郎左衛門尉重連《ほんまのろくろうざえもんのじょうしげつら》。佐渡国《さどのくに》の守護《しゅご》であった武蔵守《むさしのかみ》・北条宣時《ほうじょうのぶとき》に仕《つか》えた武《ぶ》士《し》。佐渡国《さどのくに》の守護代《しゅごだい》（代官《だいかん》）を務《つと》めていた。相模国愛甲郡依智郷《さがみのくにあいこうぐんえちのごう》にも所領《しょりょう》があった。

〈注10〉【不軽菩薩《ふきょうぼさつ》】法華経常不軽菩薩品第《じょうふきょうぼさつほんだい》二十に説《と》かれる菩薩《ぼさつ》。釈尊《しゃくそん》の過去世《かこせ》の姿《すがた》で、威音王仏《いおんのうぶつ》の像法時代《ぞうほうじだい》の末《すえ》に、「私はあなたたちを敬《うやま》う。なぜなら、あなたたちは菩薩《ぼさつ》の修行《しゅぎょう》をして、必《かなら》ず、仏《ほとけ》になるからです」（漢文《かんぶん》の経文《きょうもん》が二十四字《じ》の漢字《かんじ》から成《な》ることから「二十四文字《にじゅうよんもじ》の法華経」と言《い》われる）と説《と》き、万人《ばんにん》を礼拝《らいはい》した。慢心《まんしん》の比丘《びく》（出家《しゅっけ》の男性《だんせい》）・比丘尼《びくに》（出家《しゅっけ》の女性《じょせい》）・優婆塞《うばそく》（在家《ざいけ》の男性《だんせい》）・優婆夷《うばい》（在家《ざいけ》の女性《じょせい》）の「上慢《じょうまん》の四衆《ししゅ》」から悪口罵詈《あっくめり》や杖木瓦石《じょうもくがしゃく》の迫害《はくがい》を受《う》けたが、礼拝行《らいはいぎょう》を貫《つらぬ》き通《とお》した。その修行《しゅぎょう》が因《いん》となって成仏《じょうぶつ》した。

〈注11〉【其罪畢已《ございひっち》】「ございひつい」とも読《よ》む。法華経常不軽菩薩品第《じょうふきょうぼさつほんだい》二十の文《もん》。「其《そ》の罪《つみ》は畢《お》え已《お》わって」（法華経五六四㌻）と読《よ》み下《くだ》す。不軽菩薩《ふきょうぼさつ》が人々の迫害《はくがい》を受《う》けて過去《かこ》の謗法《ほうぼう》の罪《つみ》を受《う》け尽《つ》くして消《け》し去《さ》ることができたこと。

〈注12〉【煩悩《ぼんのう》・業《ごう》・苦《く》の三道《さんどう》】凡夫《ぼんぷ》が生命《せいめい》に具《そな》わる迷《まよ》いである煩悩《ぼんのう》によって悪業《あくごう》を積《つ》み重《かさ》ね、業《ごう》の報《むく》いとして苦《く》を招《まね》くこと。苦悩《くのう》の境涯《きょうがい》に陥《おちい》ることが輪《わ》のように連続《れんぞく》し、六道《ろくどう》の迷《まよ》いの生《しょう》死《じ》が繰《く》り返《かえ》される。「煩悩《ぼんのう》」とは貪欲《とんよく》・瞋恚《しんに》・愚癡《ぐち》など。「業《ごう》」とは煩悩《ぼんのう》から起《お》こる善悪《ぜんあく》の身口意《しんくい》の所作《しょさ》。「苦《く》」とは煩悩《ぼんのう》や業《ごう》を因《いん》として招《まね》いた三界六道《さんがいろくどう》の苦《く》しみの果報《かほう》。

〈注13〉【法身《ほっしん》・報身《ほうしん》・応身《おうじん》】仏《ほとけ》の三種《しゅ》の身《み》のこと。法身《ほっしん》とは、仏《ほとけ》が覚《さと》った真実《しんじつ》・真理《しんり》のこと。報《ほう》身《しん》とは、最高《さいこう》の覚《さと》りの智慧《ちえ》をはじめ、仏《ほとけ》と成《な》った報《むく》いとして得《え》た種々《しゅじゅ》の優《すぐ》れた特性《とくせい》。応身《おうじん》とは、人々を苦悩《くのう》から救《すく》うために、それぞれに応《おう》じて現《あらわ》した姿《すがた》で、慈悲《じひ》の側面《そくめん》をいう。

〈注14〉【『毎自作是念《まいじさぜねん》』の悲願《ひがん》】法華経では自我偈《じがげ》の最後《さいご》に、「毎自作是念《まいじさぜねん》　以何令衆生《いがりょうしゅじょう》　得入無《とくにゅうむ》上道《じょうどう》　速成就仏身《そくじょうじゅぶっしん》（仏《ほとけ》は常《つね》に、どのようにすれば、衆生《しゅじょう》を無上《むじょう》の道《どう》に入《はい》らせ、速《すみ》やかに仏《ほとけ》の身《み》を成就《じょうじゅ》させることができるかと、念《ねん》じている）」（法華経四九三ページ）という仏《ほとけ》の永遠《えいえん》の願《ねが》いを明《あ》かしている。日蓮大聖人はこれを「『毎自作是念《まいじさぜねん》』の悲願《ひがん》」（新五一六ページ・全四六六ページ）と仰《おお》せられている。

〈注15〉【上行菩薩《じょうぎょうぼさつ》】法華経従地涌出品第十五《じゅうじゆじゅっぽんだい》で、釈尊《しゃくそん》は滅後《めつご》における妙法弘通《ぐつう》を託《たく》すべき人々として、久遠《くおん》の弟子《でし》である地涌《じゆ》の菩薩《ぼさつ》を呼《よ》びいだした。大地《だいち》から涌出《ゆじゅつ》したので地涌《じゆ》の菩薩《ぼさつ》という。それぞれが六万恒河沙《ろくまんごうがしゃ》（ガンジス川《がわ》の砂《すな》の数《かず》の六万倍《まんばい》。無数《むすう》の意《い》）の仲間《なかま》を率《ひき》いていた。上行菩薩《じょうぎょうぼさつ》は、その地涌《じゆ》の菩薩《ぼさつ》の上首《じょうしゅ》（リーダー）。神力品第二十一《じんりきほんだい》では、地涌《じゆ》の菩薩《ぼさつ》の代表《だいひょう》として釈尊《しゃくそん》から付嘱《ふぞく》を受《う》けた。

〈注16〉【娑婆世界《しゃばせかい》】迷《まよ》いと苦難《くなん》に満《み》ちていて、それを堪《た》え忍《しの》ばなければならない世界《せかい》。

〈注17〉【崇峻天皇御書《すしゅんてんのうごしょ》】「三種財宝御書《さんしゅざいほうごしょ》」ともいう。建治《けんじ》三年（一二七七年）九月十一日、四条《しじょう》金吾《きんご》に与《あた》えられた御消息《ごしょうそく》。「心《こころ》の財《たから》」「人《ひと》の振《ふ》る舞《ま》い」を説《と》き、金吾《きんご》に対《たい》し、人間としての勝利《しょうり》の要諦《ようてい》を教《おし》えられている。

「信心即生活《そくせいかつ》」「仏法即社会《そくしゃかい》」と着実《ちゃくじつ》に前進《ぜんしん》

仏法は、「現実変革《げんじつへんかく》」の宗教《しゅうきょう》であるとともに、正《ただ》しき「生活法《せいかつほう》」でもあります。ゆえに、「信心即生活《そくせいかつ》」「仏法即社会《そくしゃかい》」の実証《じっしょう》にこそ、日蓮仏法の真《しん》の実践《じっせん》があるといってよい。

信仰《しんこう》は幸福建設《こうふくけんせつ》への大道《だいどう》であり、人生勝利《じんせいしょうり》の智慧《ちえ》の源泉《げんせん》です。仏法は人間革命と宿命転換《しゅくめいてんかん》を成《な》しゆく希望《きぼう》の哲理《てつり》であり、社会《しゃかい》の安穏《あんのん》と世界《せかい》の平和《へいわ》を打《う》ち立《た》てる精神《せいしん》の光源《こうげん》です。

「信心即生活《そくせいかつ》」の賢者《けんじゃ》たれ。「仏法即社会《そくしゃかい》」の勇者《ゆうしゃ》たれ――これは今《いま》、日本中、世界中で創価の同志《どうし》が共有《きょうゆう》し、日々《ひび》、確信《かくしん》と誇《ほこ》りをもって貫《つらぬ》いている信条《しんじょう》です。

〝地上《ちじょう》を踏《ふ》みしめて一歩一歩《いっぽいっぽ》〟

創立《そうりつ》の父《ちち》・牧口常三郎《つねさぶろう》先生は戦前《せんぜん》、「最大《さいだい》の価値《かち》の生活法《せいかつほう》を証明《しょうめい》されたのが仏教《ぶっきょう》の極意《ごくい》」であるとし、それを「大善生活法《だいぜんせいかつほう》」と呼《よ》ばれました。そして、この「最大価値《さいだいかち》の創造《そうぞう》」すなわち「無上最大《むじょうさいだい》の幸福《こうふく》」を、「現実《げんじつ》の生活《せいかつ》において、生活《せいかつ》によって証明《しょうめい》し、研究《けんきゅう》し、指導《しどう》せんとする」――これが、わが学会の目的《もくてき》である、と宣言《せんげん》されたのです。

先生は、〝天上《てんじょう》を仰《あお》いで歩《あゆ》むよりは、地上《ちじょう》を踏《ふ》みしめて、一歩一歩《いっぽいっぽ》進《すす》め〟と、創価教育《きょういく》のモットーを示《しめ》されてもいます。

現実《げんじつ》の生活《せいかつ》の大地《だいち》を踏《ふ》みしめて、前進《ぜんしん》し勝利《しょうり》する。ここに、漠然《ばくぜん》たる夢想《むそう》ではない、確《たし》かな人生《じんせい》の宝《たから》である希望《きぼう》が輝《かがや》きます。

宗教《しゅうきょう》とは「生活《せいかつ》の法則《ほうそく》」

恩師《おんし》・戸田城聖《じょうせい》先生は戦後《せんご》、「大白蓮華」の創刊号《そうかんごう》に寄《よ》せた巻頭言《かんとうげん》「宗教革命《しゅうきょうかくめい》」で、こう断言《だんげん》されました。「そもそも宗教《しゅうきょう》とは『生活《せいかつ》の法則《ほうそく》』であり、生活《せいかつ》そのもののなかに存在《そんざい》しなければならない」と。

戦時中《せんじちゅう》、軍部政府《ぐんぶせいふ》の大弾圧《だいだんあつ》に屈《くっ》せず投獄《とうごく》され獄死《ごくし》された牧口先生、そして生《い》きて獄門《ごくもん》を出《で》られた戸田先生――大難《だいなん》を越《こ》えて創価の師弟《してい》が叫《さけ》び残《のこ》されたのが、仏法こそ「生活法《せいかつほう》の総体的根本的《そうたいてきこんぽんてき》のもの」との信念《しんねん》です。それは、普遍的《ふへんてき》な「法《ほう》」である以上《いじょう》、百発百中《ひゃっぱつひゃくちゅう》、誰《だれ》でも「実験証明《じっけんしょうめい》」できるとも、牧口先生は断言《だんげん》されていました。

ここで想起《そうき》されるのは、インドのマハトマ・ガンジー〈注1〉の信念《しんねん》です。ガンジーは、自分《じぶん》の人生《じんせい》そのものが非暴力《ひぼうりょく》の実践《じっせん》という〝真実《しんじつ》（真理《しんり》）の実験《じっけん》〟であるとし、科学的実験《かがくてきじっけん》と同様《どうよう》に、「一人の人に可能《かのう》なことは、万人《ばんにん》に可《か》能《のう》である」と語《かた》りました。

さらに、「わたしの実験《じっけん》は、密室《みっしつ》の中《なか》で行《おこ》なわれたのではなく、公然《こうぜん》と行《おこ》なわれてきた」とも言《い》い切《き》っております。

現実《げんじつ》の中《なか》で仏法の力《ちから》を発揮《はっき》

私たちの民衆《みんしゅう》仏法の運動《うんどう》も、神秘的《しんぴてき》な帳《とばり》の奥《おく》などではなく、現実社会《げんじつしゃかい》の真《ま》っただ中《なか》で、一人一人が「信心即生活《そくせいかつ》」の実験証明《じっけんしょうめい》をしながら進《すす》められてきました。「現証《げんしょう》にはすぎず」（新一九四一ジペー・全一四六八ジペー）であるからです。

信心は、人生《じんせい》を勝《か》ち開《ひら》く力《ちから》です。祈《いの》って動《うご》くのです。戦《たたか》いの中《なか》で祈《いの》るのです。

世界中《せかいじゅう》いずこでも、学会員は、まず誓願《せいがん》の祈《いの》りから始《はじ》め、自行化他《じぎょうけた》の題目を唱《とな》え抜《ぬ》き、勇気《ゆうき》と智慧《ちえ》を振《ふ》り絞《しぼ》って、日々《ひび》の生活闘争《せいかつとうそう》に、慈折《じしゃく》広布の実践《じっせん》に挑《いど》んでいます。

その中《なか》で、確《たし》かな実証《じっしょう》を示《しめ》して、歓喜《かんき》と希望《きぼう》の勝《か》ち鬨《どき》をあげゆく民衆《みんしゅう》の黄金《おうごん》の体験《たいけん》が、創価学会には満《み》ちあふれています。

私は、ここにこそ、法華経の精神《せいしん》の発露《はつろ》があり、日蓮大聖人が教《おし》えてくださった、正《ただ》しい仏法を持《たも》った人間の正《ただ》しい真髄《しんずい》の生《い》き方《かた》があると確信《かくしん》してやみません。

減劫御書《げんこうごしょ》

御文　（新一九六八ジペー・全一四六六ジペー）

法華経《ほけきょう》に云《い》わく「皆実相《みなじっそう》と相違背《あいいはい》せず」等云々《とううんぬん》。天台《てんだい》これを承《う》けて云《い》わく「一切世間《いっさいせけん》の治生産業《ちせいさんぎょう》は、皆実相《みなじっそう》と相違背《あいいはい》せず」等云々《とううんぬん》。

智者《ちしゃ》とは、世間《せけん》の法《ほう》より外《ほか》に仏法《ぶっぽう》を行《おこな》わず。世間《せけん》の治世《ちせい》の法《ほう》を能《よ》く能《よ》く心《こころ》得《え》て候《そうろう》を、智者《ちしゃ》とは申《もう》すなり。

現代語訳

法華経法師功徳品第十九《ほっしくどくほんだい》には、「(法華経を受持《じゅじ》し抜《ぬ》いた人が世間《せけん》のいかなることを説《と》いても)全《すべ》ては実相《じっそう》(仏法)に違背《いはい》しない」とある。天台大師《てんだいだいし》はこれを受《う》けて、「一切《いっさい》の日常《にちじょう》の生活《せいかつ》や社会《しゃかい》の営《いとな》みは、みな実相《じっそう》に違背《いはい》しない」(法華玄義)と言《い》っている。

智者《ちしゃ》とは、世間《せけん》の法《ほう》から離《はな》れて仏法を行《ぎょう》ずるのではない。世間《せけん》において、世《よ》を治《おさ》める法《ほう》を十分《じゅうぶん》に心得《こころえ》ている人を智者《ちしゃ》というのである。

「一切《いっさい》の日常《にちじょう》」と「仏法」とは一致《いっち》

「減劫御書《げんこうごしょ》」〈注2〉の一節《いっせつ》です。牧口先生も線《せん》を引《ひ》かれ、深《ふか》く拝《はい》されていました。

拝読御文《はいどくごもん》の前《まえ》までに、大聖人は、「減劫《げんこう》」という衆生《しゅじょう》の生命力《せいめいりょく》が衰《おとろ》えゆく濁《じょく》世《せ》にあって、人々を救《すく》うべき仏法の善《ぜん》の智慧《ちえ》も、三毒強盛《さんどくごうじょう》の大悪《だいあく》にのみ込《こ》まれて無力《むりょく》になっている。そして、法華経を誹謗《ひぼう》しながら、俗世《ぞくせ》を離《はな》れた出世《しゅっせ》の「智者《ちしゃ》」と思《おも》わせている僧《そう》らを供養《くよう》することが、かえって大悪《だいあく》を増長《ぞうちょう》させてしまうと鋭《するど》く警鐘《けいしょう》を鳴《な》らされています。

この本末転倒《ほんまつてんとう》を正《ただ》し、法華経を根本《こんぽん》とした「仏法即世法《そくせほう》」の原理《げんり》を明《あ》かし、真《しん》の智者《ちしゃ》の在《あ》り方《かた》を示《しめ》されたのが、拝読箇所《はいどくかしょ》です。

引用された経文《きょうもん》は、法華経を行《ぎょう》ずる法師《ほっし》（菩薩《ぼさつ》）が得《え》た「六根清浄《ろっこんしょうじょう》」〈注3〉のうち、「意根清浄《いこんしょうじょう》」の功徳《くどく》を説《と》いたものです。すなわち、妙法を受持実践《じゅじじっせん》して浄化《じょうか》された心《こころ》の働《はたら》きは、何《なに》を説《と》き、何《なに》を語《かた》っても、全《すべ》てが実相《じっそう》のまま、仏法にかなった正《ただ》しい言葉《ことば》になっていくというのです。これは、当然《とうぜん》、仏道修行《ぶつどうしゅぎょう》による菩薩《ぼさつ》自身《じしん》の六根清浄《ろっこんしょうじょう》――生命変革《せいめいへんかく》があってのことです。そうであるからこそ、仏智《ぶっち》を輝《かがや》かせて、社会生活《しゃかいせいかつ》の万般《ばんぱん》を幸福《こうふく》と勝利《しょうり》への営《いとな》みに昇華《しょうか》していけるのです。

現実《げんじつ》から遊離《ゆうり》しない宗教《しゅうきょう》

日蓮仏法は、どこまでも社会《しゃかい》と共《とも》にあり、社会《しゃかい》を直視《ちょくし》し、社会《しゃかい》を変革《へんかく》しゆく宗教《しゅうきょう》です。現実《げんじつ》から遊離《ゆうり》したものではありません。しかし、昔《むかし》も今《いま》も、一般《いっぱん》には、宗教《しゅうきょう》は社会《しゃかい》や世俗《せぞく》の外《そと》にあって、自分《じぶん》たちの日常《にちじょう》には関係《かんけい》ないものという固定観念《こていかんねん》が強《つよ》くあります。

それは既成《きせい》の諸宗《しょしゅう》が「仏《ほとけ》」を遠《とお》く超越的《ちょうえつてき》な存在《そんざい》として説《と》き、〈此岸《しがん》と彼岸《ひがん》〉〈世間《せけん》と出世間《しゅっせけん》〉というように、宗教《しゅうきょう》を現実社会《げんじつしゃかい》から引《ひ》き離《はな》してきたからでもあります。そこから、神秘性《しんぴせい》や権威《けんい》の衣《ころも》をまとい、世俗《せぞく》を見下《みくだ》し、民衆《みんしゅう》の上《うえ》に君臨《くんりん》するような宗教《しゅうきょう》も生《う》まれてきた。

これに対《たい》して、大聖人は「衆生《しゅじょう》の心《こころ》は本来仏《ほんらいほとけ》なりと説《と》く」（新一〇九四ジペー・全七八七ジペー）と明言《めいげん》されています。仏《ほとけ》とは現実《げんじつ》を遠《とお》く離《はな》れた世界《せかい》にいるのでは決《けっ》してない。わが心《こころ》こそ本来《ほんらい》、尊厳《そんげん》なる仏《ほとけ》の生命《せいめい》であり、自身《じしん》の中《なか》から現実《げんじつ》の苦《く》悩《のう》を乗《の》り越《こ》える力《ちから》を引《ひ》き出《だ》す教《おし》えこそが、真実《しんじつ》の仏法なのです。

「智者《ちしゃ》とは、世間《せけん》の法《ほう》から離《はな》れて仏法を行《ぎょう》ずるのではない」――この一言《いちごん》を、私たちは、あらためて深《ふか》く胸《むね》に刻《きざ》みたい。

この娑婆世界《しゃばせかい》〈注4〉は、苦悩《くのう》の泥沼《どろぬま》のような現実《げんじつ》かもしれません。しかし、苦悩《くのう》の民衆《みんしゅう》の中《なか》へ、あえて飛《と》び込《こ》んでいく勇気《ゆうき》を出《だ》し、また、仏法の慈悲《じひ》と智慧《ちえ》を発揮《はっき》し、人々の幸福《こうふく》のために貢献《こうけん》していってこそ、「真《しん》の智者《ちしゃ》」といえる。それこそが地涌《じゆ》の誉《ほま》れです。そうした人材群《じんざいぐん》を陸続《りくぞく》と社会《しゃかい》に輩出《はいしゅつ》していくのが、「生《い》きた宗教《しゅうきょう》」なのです。

学会員が「生活法《せいかつほう》たる仏法」を証明《しょうめい》

思《おも》えば、牧口先生は、学会員の信仰体験《しんこうたいけん》を、それはそれは大事《だいじ》にされていました。

家庭《かてい》でも仕事《しごと》でも苦労続《くろうつづ》きだった婦人が、近隣《きんりん》からも感嘆《かんたん》されるような一家《いっか》和楽《わらく》を勝《か》ち開《ひら》いた体験《たいけん》、あるいは十年このかた赤字続《あかじつづ》きの印刷工場《いんさつこうじょう》を、信心根本《こんぽん》に見事《みごと》に再生《さいせい》させた壮年の体験《たいけん》……。牧口先生は、こうした弟子《でし》たちの蘇生《そせい》のドラマを「全《まった》く命《いのち》がけの結果《けっか》」と言《い》われ、〝ダイヤモンド〟や〝砂中《さちゅう》の金《きん》〟であるとまで大賞讃《だいしょうさん》されたのです。

それは、一人一人が打《う》ち立《た》てた「信心即生活《そくせいかつ》」の体験《たいけん》を、「大善生活《だいぜんせいかつ》の実証《じっしょう》」「即身成仏《そくしんじょうぶつ》の例証《れいしょう》」と捉《とら》えられていたからです。

戸田先生もまた、人生《じんせい》のあらゆる苦悩《くのう》と取《と》り組《く》んだ「信心即生活《そくせいかつ》」の実践《じっせん》によってこそ、生《い》きていること自体《じたい》が幸《しあわ》せであるという「絶対的幸福《ぜったいてきこうふく》」境涯《きょうがい》を確立《かくりつ》できると教《おし》えてくださいました。そして、学会員一人一人の人間革命、宿命《しゅくめい》転換《てんかん》の体験《たいけん》を、何《なに》よりも「嬉《うれ》しい」と喜《よろこ》ばれたのです。

御聖訓《ごせいくん》には「現在《げんざい》に眼前《がんぜん》の証拠《しょうこ》あらんずる人《ひと》この経《きょう》を説《と》かん時《とき》は、信《しん》ずる人《ひと》もありやせん」（新一四一九ページ・全一〇四五ページ）とも仰《おお》せです。牧口先生は、〝自《じ》分《ぶん》が体験《たいけん》を得《え》るだけでなく、一人でも多《おお》く他《ほか》の人に伝《つた》えていくことが学会員の体験《たいけん》の特徴《とくちょう》である〟とされました。真実《しんじつ》は強《つよ》い。世界中《せかいじゅう》の同志《どうし》の体験《たいけん》こそ創価学会の永遠《えいえん》不朽《ふきゅう》の宝《たから》であり、大法弘通《だいほうぐつう》の推進力《すいしんりょく》です。

信心即生活《そくせいかつ》は生活即《せいかつそく》信心であり、また生活即仏道修行《せいかつそくぶつどうしゅぎょう》、人生即仏道修行《じんせいそくぶつどうしゅぎょう》となるのです。

大聖人はある在家《ざいけ》の門下《もんか》に、「そのまま（出仕《しゅっし》されて）おられることこそ、法華経を十二時《じゅうにとき》（終日《しゅうじつ》）に修行《しゅぎょう》されていることになるのである」「宮仕《みやづか》えを法華経の修行《しゅぎょう》と思《おも》いなさい」（新一七一八～九ページ・全一二九五ページ、通解）と、懇切《こんせつ》に指導《しどう》されています。

では、法華経を十二時《じゅうにとき》――二六時中《にろくじちゅう》に行《ぎょう》ずる、現実生活《げんじつせいかつ》の中《なか》での信心修行《しゅぎょう》が、いかなる幸福《こうふく》の実証《じっしょう》として結実《けつじつ》していくのでしょうか。

次《つぎ》に、大《おお》きな試練《しれん》に直面《ちょくめん》した四条金吾《しじょうきんご》を励《はげ》まされた一節《いっせつ》を拝《はい》します〈注5〉。先《さき》に拝《はい》した「崇峻天皇御書《すしゅんてんのうごしょ》」（本書七一㌻参照《さんしょう》）の続《つづ》きの御文《ごもん》です。戸田先生の事業《じぎょう》の苦境《くきょう》を、師弟《してい》して打開《だかい》に奔走《ほんそう》する中《なか》、私も日記《にっき》に記《しる》し、心《こころ》の支《ささ》えとした御金言《ごきんげん》です。

崇峻天皇御書《すしゅんてんのうごしょ》（三種財宝御書《さんしゅざいほうごしょ》）

御文　（新一五九六㌻・全一一七三㌻）

人身《じんしん》は受《う》けがたし、爪《つめ》の上《うえ》の土《つち》。人身《じんしん》は持《たも》ちがたし、草《くさ》の上《うえ》の露《つゆ》。百二十《ひゃくにじゅう》まで持《たも》って名《な》をくたして《腐》死《し》せんよりは、生《い》きて一日《いちにち》なりとも名《な》をあげん《上》ことこそ大切《たいせつ》なれ。「中務三郎左衛《なかつかさのさぶろうざえ》門尉《もんのじょう》は、主《しゅ》の御《おん》ためにも、仏法《ぶっぽう》の御《おん》ためにも、世間《せけん》の心《こころ》ね《根》も、よかりけり、よかりけり」と、鎌倉《かまくら》の人々《ひとびと》の口《くち》にう《謳》たわれ給《たま》え。

現代語訳

人間として生《せい》を受《う》けることはまれであり、爪《つめ》の上《うえ》に乗《の》った土《つち》のようにごく少《すく》ない。人間として命《いのち》を持《たも》ち続《つづ》けることは難《むずか》しく、草《くさ》の上《うえ》の露《つゆ》のようにはかない。百二十歳《さい》まで生《い》きて名《な》を汚《けが》して死《し》ぬよりは、生《い》きて一日でも名《な》をあげることこそ大切《たいせつ》です。「中務三郎左衛門尉《なかつかさのさぶろうざえもんのじょう》（四条金吾《しじょうきんご》）は、主君《しゅくん》に仕《つか》えることにおいても、仏法に尽《つ》くすことにおいても、世間《せけん》における心《こころ》がけにおいても、大変《たいへん》に素晴《すば》らしい」と、鎌倉《かまくら》の人々の口《くち》にうたわれていきなさい。

信仰《しんこう》の危機《きき》に直面《ちょくめん》した金吾《きんご》

師匠《ししょう》・日蓮大聖人が佐渡流罪《さどるざい》を赦免《しゃめん》され、堂々《どうどう》と帰還《きかん》されたことに、四条金吾《しじょうきんご》は決意《けつい》を深《ふか》め、勇《いさ》んで主君《しゅくん》・江間氏《えまし》を折伏《しゃくぶく》しました。しかし、極楽寺良観《ごくらくじりょうかん》の信者《しんじゃ》であった江間氏《えまし》には真心《まごころ》が通《つう》じるどころか、かえって不興《ふきょう》を買《か》い、疎《うと》んじられるようになります。金吾《きんご》を妬《ねた》んでいた同僚《どうりょう》たちも彼《かれ》を陥《おとしい》れようとする。苦《く》境《きょう》が続《つづ》く中《なか》で、重大《じゅうだい》な事件《じけん》が起《お》きました。

建治《けんじ》三年（一二七七年）六月、大聖人の弟子《でし》と天台宗《てんだいしゅう》の僧《そう》が法論《ほうろん》した桑ケ谷《くわがやつ》問答《もんどう》〈注6〉に、四条金吾《しじょうきんご》が乱入《らんにゅう》し狼藉《ろうぜき》を働《はたら》いた――という事実無根《じじつむこん》の讒言《ざんげん》が、主君《しゅくん》にもたらされたのです。それを信《しん》じた主君《しゅくん》は、金吾《きんご》に〝法華経を捨《す》てよ、さもなくば所領《しょりょう》を没収《ぼっしゅう》する〟と迫《せま》りました。まさに、金吾《きんご》の生涯《しょうがい》で最大《さいだい》の危機《きき》に直面《ちょくめん》したのです。

大聖人は、潔白《けっぱく》を主張《しゅちょう》する弁明書《べんめいしょ》を、金吾《きんご》に代《か》わって自《みずか》ら記《しる》されるとともに、「いかなる乞食《こつじき》にはなるとも、法華経《ほけきょう》にきず《瑕》をつけ給《たも》うべからず」（新一五八三ジペー・全一一六三ジペー）等々《とうとう》、烈々《れつれつ》と指導《しどう》されます。その通《とお》りに、金吾《きんご》は不退転《ふたいてん》の決意《けつい》で忍耐強《にんたいづよ》く行動《こうどう》します。そうした中《なか》、主君《しゅくん》が突然《とつぜん》の病《やまい》に倒《たお》れました。本《ほん》抄《しょう》が書《か》かれたのは、献身的《けんしんてき》に主君《しゅくん》を看病《かんびょう》する金吾《きんご》に対《たい》し、江間《えま》氏《し》が再《ふた》び信頼《しんらい》を寄《よ》せていくという転機《てんき》の時《とき》でした。

それだけに、今《いま》が一番大事《いちばんだいじ》である――御抄《ごしょう》の端々《はしばし》に、大聖人の深《ふか》いお心遣《こころづか》いと人間学の御指導《ごしどう》が拝《はい》されます。

御文《ごもん》では、人間に生《う》まれることと、人間としてその命《いのち》を全《まっと》うすることが、「爪《つめ》の上《うえ》の土《つち》」のように、また「草《くさ》の上《うえ》の露《つゆ》」のように、いかに難《むずか》しいかが語《かた》られています。

そして「百二十歳《さい》まで生《い》きて名《な》を汚《けが》して死《し》ぬよりは、生《い》きて一日でも名《な》をあげることが大切《たいせつ》です」と仰《おお》せです。人生《じんせい》の幸福《こうふく》、人生《じんせい》の価値《かち》というものは、長《なが》さでは決《き》まらない。いかなる目的観《もくてきかん》を持《も》って、深《ふか》く、意義《いぎ》ある人生《じんせい》を生《い》き抜《ぬ》いていくかです。

周囲《しゅうい》から信頼《しんらい》される存在《そんざい》へ

次《つ》いで、「主《しゅ》の御《おん》ためにも、仏法《ぶっぽう》の御《おん》ためにも、世間《せけん》の心《こころ》根《ね》も、よかりけり、よかりけり」との言葉《ことば》を示《しめ》されています。

「主《しゅ》の御《おん》ためにも」——主君《しゅくん》との信頼関係《しんらいかんけい》を盤石《ばんじゃく》なものに築《きず》き上《あ》げる。今日《こんにち》でいえば、仕事《しごと》や職場《しょくば》で第一人者《だいいちにんしゃ》になるなど、社会人《しゃかいじん》としての在《あ》り方《かた》ともいえましょう。

「仏法《ぶっぽう》の御《おん》ためにも」——一個《いっこ》の信仰者《しんこうしゃ》として、信心根本《こんぽん》に不退《ふたい》の実践《じっせん》を貫《つらぬ》いていく。

「世間《せけん》の心《こころ》根《ね》も」——現実《げんじつ》の社会《しゃかい》に生《い》きる生活者《せいかつしゃ》として、周囲《しゅうい》の人々から〝立派《りっぱ》だ〟〝誠実《せいじつ》である〟と信用《しんよう》を勝《か》ち取《と》っていく。

三つの言葉《ことば》の中《なか》に、「信心即生活《そくせいかつ》」「仏法即社会《そくしゃかい》」の重層的《じゅうそうてき》な在《あ》り方《かた》が凝縮《ぎょうしゅく》されています。

この一つ一つにおいて、「よかりけり、よかりけり」と讃《たた》えられるようになっていきなさいと指導《しどう》されています。それは「内薫外護《ないくんげご》」〈注7〉という法理《ほうり》の通《とお》り、全《すべ》ては自身《じしん》の内面《ないめん》から薫《かお》り、自《みずか》らを護《まも》る功徳《くどく》となるのです。「よかりけり」とは、言《い》い換《か》えれば周囲《しゅうい》からの信頼《しんらい》であり、社会《しゃかい》からの賞讃《しょうさん》です。

四条金吾《しじょうきんご》が、主君《しゅくん》の出仕《しゅっし》の供《とも》に加《くわ》えられ、鎌倉市中《かまくらしちゅう》を進《すす》んだ時《とき》のことです。その馬上豊《ばじょうゆた》かな雄姿《ゆうし》に、辻々《つじつじ》から感嘆《かんたん》と賞讃《しょうさん》の声《こえ》が上《あ》がったのです。「あの偉《い》丈夫《じょうふ》といい、面魂《つらだましい》といい、馬《うま》や従者《じゅうしゃ》といい、中務三郎左衛門尉《なかつかさのさぶろうざえもんのじょう》が第一《だいいち》である。あっぱれ、なんと立派《りっぱ》な男よ、男よ」（新一五九九ジ゛・全一一七五ジ゛、通解）と。

それは、師《し》が念願《ねんがん》された通《とお》り、皆《みな》に「よかりけり」と讃《たた》えられる姿《すがた》そのものでした。

大聖人は、金吾《きんご》に、仏《ほとけ》とは「世雄《せおう》」〈注8〉であり、〝仏法は勝負《しょうぶ》である〟と教《おし》えられました。人生《じんせい》も勝負《しょうぶ》です。社会《しゃかい》もまた勝負《しょうぶ》です。「仏法即社会《そくしゃかい》」の妙法を抱《いだ》き、「法華経《ほけきょう》の兵法《へいほう》」という絶対勝利《ぜったいしょうり》の信心を持《たも》った私たちは、不屈《ふくつ》の勇者《ゆうしゃ》、不敗《ふはい》の賢者《けんじゃ》として、誇《ほこ》り高《たか》く戦《たたか》い抜《ぬ》き、断固《だんこ》と勝《か》ち切《き》っていきたい。

眼前《がんぜん》の苦闘《くとう》に勝利《しょうり》する英雄《えいゆう》に

法華経は、末法弘通《まっぽうぐつう》を託《たく》した上行菩薩《じょうぎょうぼさつ》〈注9〉をはじめとする地涌《じゆ》の菩薩《ぼさつ》の姿《すがた》を、「日月《にちがつ》の光明《こうみょう》の　能《よ》く諸《もろもろ》の幽冥《ゆみょう》を除《のぞ》くが如《ごと》く　斯《こ》の人《ひと》は世間《せけん》に行《ぎょう》じて能《よ》く衆生《しゅじょう》の闇《やみ》を滅《めっ》し」（法華経五七五ジペー）と説《と》いています。

地涌《じゆ》の菩薩《ぼさつ》は、他《た》のどこでもない、「世間《せけん》に行《ぎょう》ずる」のです。世俗《せぞく》の中《なか》で、社会《しゃかい》の中《なか》で、娑婆世界《しゃばせかい》の現実《げんじつ》の大地《だいち》で活躍《かつやく》するのです。

いうまでもなく、今《いま》いる所《ところ》が自身《じしん》の一生成仏《いっしょうじょうぶつ》を成就《じょうじゅ》する場所《ばしょ》です。信心根本《こんぽん》に社会《しゃかい》に打《う》って出《で》て戦《たたか》う、これが仏道修行《ぶつどうしゅぎょう》なのです。

「小《ちい》さな奮闘《ふんとう》のうちにこそ多《おお》くの偉大《いだい》なる行為《こうい》がなされる」――文豪《ぶんごう》ユゴー〈注10〉は名作《めいさく》『レ・ミゼラブル』に、青年マリユスが困窮生活《こんきゅうせいかつ》を雄々《おお》しく耐《た》え抜《ぬ》く姿《すがた》をつづります。

「何人《なんぴと》にも見《み》られず、何《なん》らの誉《ほま》れも報《むく》いられず、何《なん》らの歓呼《かんこ》のラッパにも迎《むか》えられぬ、気高《けだか》い秘密《ひみつ》な勝利《しょうり》があるものである。生活《せいかつ》、不幸《ふこう》、孤立《こりつ》、放棄《ほうき》、貧《ひん》困《こん》、などは皆《みな》一つの戦場《せんじょう》であり、またその英雄《えいゆう》がある。それは往々《おうおう》にして、高《こう》名《めい》なる英雄《えいゆう》よりもなお偉大《いだい》なる人知《ひとし》れぬ英雄《えいゆう》である」

今《いま》、社会《しゃかい》が激動《げきどう》する中《なか》、思《おも》いもよらぬ逆境《ぎゃっきょう》と戦《たたか》う、皆《みな》さまの雄姿《ゆうし》が目《め》に浮《う》かびます。

私自身《じしん》も、若《わか》き日、まさしくユゴーが描《えが》いたような苦戦《くせん》を経験《けいけん》しました。戸田先生の事業《じぎょう》が危機《きき》に瀕《ひん》した時《とき》、〝信心しているくせに何《なん》だ！〟と悪口罵詈《あっくめり》を浴《あ》びせられもしました。しかし、戸田先生以外《いがい》に広宣流布の師匠《ししょう》はおりません。私の心《こころ》には一点《いってん》の曇《くも》りもなかった。私は先生をお守《まも》りするため、青年らしく一歩《いっぽ》も退《ひ》かず、祈《いの》り抜《ぬ》き、戦《たたか》い抜《ぬ》きました。

「苦闘《くとう》よ、苦闘《くとう》よ。汝《なんじ》は、その中《なか》より、真《しん》の人間が出来《でき》るのだ」「信仰《しんこう》あるが故《ゆえ》に、価値《かち》と、大善《だいぜん》と、生命力《せいめいりょく》と、人間革命の幸福《こうふく》を、感受出来得《かんじゅできう》る」と確信《かくしん》して！

「天晴《てんは》れぬれば地明《ちあき》らかなり。法華《ほっけ》を識《し》る者《もの》は世法《せほう》を得《う》べきか」（新一四六㌻・全二五四㌻）の真実《しんじつ》をわが身《み》に深《ふか》く信受《しんじゅ》しながら！

そして偉大《いだい》な師匠《ししょう》について学《まな》び、共《とも》に戦《たたか》える師恩《しおん》と感謝《かんしゃ》を胸《むね》に、悪戦苦闘《あくせんくとう》の嵐《あらし》を突《つ》き抜《ぬ》けて、戸田先生の第《だい》二代《だい》会長就任《しゅうにん》という、晴《は》れ渡《わた》る大勝利《だいしょうり》を飾《かざ》ったのです。

あの激戦《げきせん》また激闘《げきとう》の日々《ひび》こそ、わが黄金《おうごん》の歴史《れきし》であり、人間革命の「真《しん》の仏道修行《ぶつどうしゅぎょう》」でした。「鉄《くろがね》は炎《きた》い打《う》てば剣《つるぎ》となる」（新一二八八㌻・全九五八㌻）と仰《おお》せの通《とお》り、何《なに》ものにも破《やぶ》られぬ金剛不壊《こんごうふえ》の生命《せいめい》を鍛《きた》え、「心《こころ》の財《たから》」を積《つ》めたのです。

青春時代《せいしゅんじだい》より私は、戸田先生にお仕《つか》えして広布に戦《たたか》い抜《ぬ》きました。先生のご構想《こうそう》は全《すべ》て実現《じつげん》しました。この師弟不二《していふに》の闘争《とうそう》があればこそ、今日《こんにち》の世界的《せかいてき》な学会の基盤《きばん》はできあがったのです。そして今《いま》、世界中《せかいじゅう》の〝山本伸一《やまもとしんいち》〟たちが受《う》け継《つ》ぎ、進《すす》んでくれています。

人間革命の希望《きぼう》と勝利《しょうり》の大道《だいどう》を

一日一日の勝利《しょうり》が真《しん》の勝利《しょうり》です。その積《つ》み重《かさ》ね以外《いがい》に、人生《じんせい》の大勝利《だいしょうり》もありません。

一人一人が、日々《ひび》の生活《せいかつ》を営《いとな》むその場所《ばしょ》で、人生《じんせい》の幸福《こうふく》と勝利《しょうり》の花《はな》を咲《さ》かせ、励《はげ》ましの輪《わ》を広《ひろ》げる。それが、「人間革命」即《そく》「社会変革《しゃかいへんかく》」への最《もっと》も確《たし》かな道《みち》です。「立正安国《りっしょうあんこく》」即《そく》「世界平和《せかいへいわ》」という間違《まちが》いのない軌道《きどう》です。

なればこそ、妙法を行《ぎょう》ずる人間主義《しゅぎ》の英雄《えいゆう》は、負《ま》けてはならない。

正《ただ》しき信心で勝《か》て！　生活《せいかつ》で勝《か》て！　社会《しゃかい》で勝《か》て！　人生《じんせい》で勝《か》て！　永遠《えいえん》に勝《か》ちまくれ！

さあ、出発《しゅっぱつ》です。この「希望《きぼう》・勝利《しょうり》の大道《だいどう》」を、私たちは仲良《なかよ》く朗《ほが》らかに、威風《いふう》も堂々《どうどう》と前進《ぜんしん》していこうではありませんか！

［注解］

〈注1〉【マハトマ・ガンジー】本書五三ページ参照《さんしょう》。引用は、『ガンジー自伝《じでん》』（蠟山芳郎訳、中央公論社）から。

〈注2〉【減劫御書《げんこうごしょ》】駿河国《するがのくに》の高橋六郎兵衛入道《たかはしろくろうひょうえのにゅうどう》が亡《な》くなった後に、その縁者《えんじゃ》に送《おく》られたお手紙《てがみ》で、蒙古襲来《もうこしゅうらい》（文永《ぶんえい》の役《えき》）後《ご》の、建治元年《けんじがんねん》（一二七五年）末《まつ》または同《どう》二年（一二七六年）ごろの御述作《ごじゅっさく》と考《かんが》えられている。題号《だいごう》の「減劫《げんこう》」とは、人々の心《こころ》のうちの貪瞋癡《とんじんち》の三毒《さんどく》が盛《さか》んになるにつれ、人間の生命力《せいめいりょく》が心身《しんしん》ともに衰《おとろ》えてくる時代《じだい》のこと。

〈注3〉【六根清浄《ろっこんしょうじょう》】法華経の信仰《しんこう》と実践《じっせん》により、六根《ろっこん》が清《きよ》らかになることでもたらされる種々《しゅじゅ》の功徳《くどく》のこと。法華経法師功徳品第《ほっしくどくほんだい》十九に説《と》かれる。六根《ろっこん》とは眼《め》・耳《みみ》・鼻《はな》・舌《した》・身《み》（皮膚《ひふ》）・意《い》（心《こころ》）の六つの感覚《かんかく》・認識器官《にんしききかん》のことで、これらが煩悩《ぼんのう》の影響《えいきょう》を受《う》けず、正《ただ》しく働《はたら》き、清《きよ》らかになることを六根清浄《ろっこんしょうじょう》という。この六根清浄《ろっこんしょうじょう》の結果《けっか》、種々《しゅじゅ》の功徳《くどく》がもたらされる。

〈注4〉【娑婆世界《しゃばせかい》】本書八二ページ参照《さんしょう》。

〈注5〉「崇峻天皇御書《すしゅんてんのうごしょ》」の一節《いっせつ》。本書八二ページ参照《さんしょう》。

〈注6〉【桑ケ谷問答《くわがやつもんどう》】建治《けんじ》三年（一二七七年）、鎌倉《かまくら》の桑ケ谷《くわがやつ》で行《おこな》われた、大聖人の弟子《でし》・三位《さんみ》房《ぼう》と、極楽寺良観《ごくらくじりょうかん》の庇護《ひご》を受《う》けていた竜象房《りゅうぞうぼう》との問答《もんどう》。竜象房《りゅうぞうぼう》は、三位房《さんみぼう》に徹底的《てっていてき》に破折《はしゃく》された。四条金吾《しじょうきんご》は同席《どうせき》しただけで一言《ひとこと》も発《はっ》していなかったが、〝四条金吾《しじょうきんご》が徒党《ととう》を組《く》み、武器《ぶき》を持《も》って法座《ほうざ》に乱入《らんにゅう》した〟との讒言《ざんげん》が四条金吾《しじょうきんご》の主君《しゅくん》・江間氏《えまし》の耳《みみ》に入《はい》った。

〈注7〉【内薫外護《ないくんげご》】一切衆生《いっさいしゅじょう》の生命《せいめい》に内在《ないざい》する仏性《ぶっしょう》が妙法への信《しん》によって、香《かお》りが染《し》みわたるように顕現《けんげん》していくことを内薫《ないくん》といい、この内薫《ないくん》に呼応《こおう》して、外《そと》からその生命《せいめい》を護《まも》り助《たす》ける働《はたら》きが起《お》こることを外護《げご》という。

〈注8〉【世雄《せおう》】仏《ほとけ》の別名《べつめい》。世間《せけん》において雄々《おお》しく煩悩《ぼんのう》に打《う》ち勝《か》ち、勇敢《ゆうかん》に民《たみ》を導《みちび》く偉大《いだい》な勇者《ゆうしゃ》のこと。

〈注9〉【上行菩薩《じょうぎょうぼさつ》】本書八一ジ《ペー》参照《さんしょう》。

〈注10〉【ユゴー】ビクトル・ユゴー。一八〇二年～一八八五年。フランスの詩人《しじん》、小説家《しょうせつか》、劇作家《げきさっか》。ロマン主義運動《しゅぎうんどう》の中心的存在《ちゅうしんてきそんざい》として活躍《かつやく》した。ナポレオン三世《せい》のクーデターに反対《はんたい》し、十九年間の亡命生活《ぼうめいせいかつ》を送《おく》る。作品《さくひん》に『九十三年』『ノートル・ダム・ド・パリ』ほか多数《たすう》。『レ・ミゼラブル』（一八六二年刊）は、ジャン・バルジャンの物語《ものがたり》として知《し》られる。
引用は、『レ・ミゼラブル　2』（豊島与志雄訳、岩波書店）から。

生涯《しょうがい》不退《ふたい》の勇猛心《ゆうみょうしん》で妙法弘通《ぐつう》の大道《だいどう》を！

「この地上《ちじょう》から、悲惨《ひさん》と不幸《ふこう》をなくしたい」——。

恩師《おんし》・戸田城聖《じょうせい》先生のこの願《ねが》いを受《う》け継《つ》いだ私にとって、世界《せかい》広宣流布の旅《たび》とは、平和《へいわ》と安穏《あんのん》の地球社会実現《ちきゅうしゃかいじつげん》への挑戦《ちょうせん》そのものでもありました。

先《さき》に述《の》べたように（本書五ジペー参照《さんしょう》）、一九六〇年（昭和三十五年）の十月二日、私は初《はじ》めての海外訪問《かいがいほうもん》に出発《しゅっぱつ》しました。恩師《おんし》の写真《しゃしん》を胸《むね》に、不二《ふに》の旅立《たびだ》ちでした。アメリカ、カナダ、ブラジルの三カ国九都市《とし》を二十四日間で巡《めぐ》り、世界《せかい》広布への本格的《ほんかくてき》な歩《あゆ》みを開始《かいし》したのです。翌年《よくとし》には、アジアの五カ国・一地域《ちいき》とヨーロッパの九カ国を訪《おとず》れました。その後《ご》も、一九六二年から六七年、七二年から七五年にかけて、毎年《まいとし》のように世界中《せかいじゅう》を駆《か》け巡《めぐ》り、広布の道《みち》を切《き》り開《ひら》きました。

生命尊厳《せいめいそんげん》の哲理《てつり》掲《かか》げた連帯《れんたい》

行く国《くに》、行く都市《とし》で、大地《だいち》に題目を染《し》み込《こ》ませる思《おも》いで祈《いの》り、妙法の種《たね》を蒔《ま》き、一人また一人と語《かた》り、励《はげ》まし、誓願《せいがん》の使命《しめい》に生《い》きる地涌《じゆ》の友《とも》を呼《よ》び起《お》こしていったのです。

東西冷戦《とうざいれいせん》が長《なが》く続《つづ》き、核兵器《かくへいき》の脅威《きょうい》が高《たか》まり、紛争《ふんそう》や戦乱《せんらん》も相次《あいつ》いだ時代《じだい》でした。その中《なか》を、時《とき》を待《ま》ち、時《とき》を創《つく》りながら、生命尊厳《せいめいそんげん》の哲理《てつり》を掲《かか》げ、平和《へいわ》を願《ねが》う世界市民《せかいしみん》の連帯《れんたい》を広《ひろ》げていったのです。

そして、その大《おお》いなる結実《けつじつ》として、一九七五年（昭和五十年）の年頭《ねんとう》、三週《しゅう》間《かん》に及《およ》んだアメリカ訪問《ほうもん》の最後《さいご》に、グアムに五十一カ国・地域《ちいき》の代表《だいひょう》が集《つど》い、

ＳＧＩ発足式となる「世界平和会議」でスピーチする池田先生（1975年1月26日　グアム）

一月二十六日、SGIが結成《けっせい》されたのです。

この日までの間《あいだ》、私は、日中《にっちゅう》の国交正常化《こっこうせいじょうか》やベトナム戦争《せんそう》の終結《しゅうけつ》への提言《ていげん》を行《おこな》いました。中国とソ連（後《のち》のロシア）、アメリカを相前後《あいぜんご》して訪問《ほうもん》し、中ソ対《たい》立《りつ》の緩和《かんわ》や冷戦《れいせん》の打開《だかい》へ、民間外交《みんかんがいこう》にも取《と》り組《く》んできました。そして、〝ヨーロッパ統合《とうごう》の父《ちち》〟クーデンホーフ＝カレルギー伯爵《はくしゃく》〈注1〉、また歴史学者《れきしがくしゃ》のトインビー博士〈注2〉をはじめ多《おお》くの識者《しきしゃ》、指導者《しどうしゃ》たちと二十一世紀《せいき》への対《たい》話《わ》、平和《へいわ》への対話《たいわ》を重《かさ》ねていきました。

SGI結成《けっせい》の折《おり》、私は訴《うった》えました。世界《せかい》は、軍事《ぐんじ》、政治《せいじ》、経済《けいざい》という力《ちから》の論《ろん》理《り》、利害《りがい》の論理《ろんり》が優先《ゆうせん》されることによって平和《へいわ》が阻害《そがい》され、常《つね》に緊張状態《きんちょうじょうたい》に置《お》かれている。こうした状況《じょうきょう》を打破《だは》し、平和《へいわ》への千里《せんり》の道《みち》を開《ひら》いていくことこそ宗教《しゅうきょう》の本質的《ほんしつてき》な役割《やくわり》である、と。

それは、偉大《いだい》な妙法に出合《であ》うことができた同志《どうし》たちの共通《きょうつう》の思《おも》いであり、決《けつ》意《い》でもありました。

私は、スピーチをこう結《むす》びました。

「どうか勇気《ゆうき》ある大聖人の弟子《でし》として、また、慈悲《じひ》ある大聖人の弟子《でし》として、また、正義《せいぎ》に燃《も》えた情熱《じょうねつ》の大聖人の弟子《でし》として、それぞれの国《くに》のために、尊《とうと》き人間のために、民衆《みんしゅう》のために、この一生《いっしょう》を晴《は》れ晴《ば》れと送《おく》ってください！」と。

以来《いらい》、幾《いく》十星霜《せいそう》。人類《じんるい》を照《て》らす「太陽の仏法」は、天高《てんたか》く昇《のぼ》りました。地球《ちきゅう》上《じょう》のいずこでも、その慈光《じこう》は照《て》り輝《かがや》き、地涌《じゆ》の誓願《せいがん》の誇《ほこ》りに燃《も》えた同志《どうし》が活躍《かつやく》し、平和《へいわ》・文化《ぶんか》・教育《きょういく》の価値創造《かちそうぞう》のスクラムが希望《きぼう》を広《ひろ》げているのです。

大勇猛心《だいゆうみょうしん》の人を御本仏《ごほんぶつ》が賞讃《しょうさん》

世界《せかい》広布の旅路《たびじ》は、当然《とうぜん》、平坦《へいたん》な道《みち》ばかりではありません。無理解《むりかい》や偏見《へんけん》による非難《ひなん》・中傷《ちゅうしょう》や、迫害《はくがい》が吹《ふ》き荒《あ》れたこともあります。しかし、共戦《きょうせん》の同志《どうし》は私と心《こころ》一つに、いかなる苦難《くなん》や試練《しれん》にも屈《くっ》せず、忍耐強《にんたいづよ》く、弛《たゆ》むことなく、勇《いさ》んで広布に生《い》き抜《ぬ》いてくれました。

恩師《おんし》は鋭《するど》く言《い》われました。

「大勇猛心《だいゆうみょうしん》なくしては、広宣流布はできぬ！」

「日蓮大聖人から最大《さいだい》に賞讃《しょうさん》され、大功徳《だいくどく》を受《う》ける資格《しかく》のある人は、大勇猛《だいゆうみょう》心《しん》の決意《けつい》で進《すす》んだ人である」と。

今回《こんかい》は、世界《せかい》広布の前進《ぜんしん》の原動力《げんどうりょく》というべき「不退《ふたい》の大勇猛心《だいゆうみょうしん》」について、御文《ごもん》を拝《はい》しながら学《まな》んでいきたいと思《おも》います。

曽谷殿御返事《そやどのごへんじ》（成仏用心抄《じょうぶつようじんしょう》）

御文　（新一四三五ページ・全一〇五六ページ）

この法門《ほうもん》を日蓮申《にちれんもう》す故《ゆえ》に、忠言耳《ちゅうげんみみ》に逆《さか》らう道理《どうり》なるが故《ゆえ》に、流罪《るざい》せられ、命《いのち》にも及《およ》びしなり。しかれども、いまだこ懲りず候《そうろう》。法華経《ほけきょう》は種《たね》のごとく、仏《ほとけ》はうえて《植手》のごとく、衆生《しゅじょう》は田《た》のごとくなり。

現代語訳

日蓮はこの法門《ほうもん》を申《もう》すゆえに、「忠言《ちゅうげん》は耳《みみ》に逆《さか》らう」との道理《どうり》で、流罪《るざい》にされ、命《いのち》にも及《およ》んだのである。

しかしながら、いまだ懲《こ》りてはいない。

譬《たと》えて言《い》えば、法華経は種《たね》であり、仏《ほとけ》は植《う》え手《て》であり、衆生《しゅじょう》は田《た》である。

大聖人の大慈悲《だいじひ》を一言《いちごん》に凝結《ぎょうけつ》

「いまだこりず候《そうろう》」——この御金言《ごきんげん》を拝《はい》するたびに、胸《むね》が熱《あつ》くなります。日蓮大聖人の大慈悲《だいじひ》と大勇猛心《だいゆうみょうしん》が凝結《ぎょうけつ》したお言葉《ことば》でもありましょう。

私たちが日夜読誦《にちやどくじゅ》する法華経方便品《ほうべんぽん》には、「勇猛精進《ゆうみょうしょうじん》」〈注3〉とあります。これは、仏自身《ほとけじしん》が、なぜ仏《ほとけ》に成《な》れたのかを明《あ》かした理由《りゆう》の一つです。困難《こんなん》にも勇敢《ゆうかん》に挑戦《ちょうせん》し、不可能《ふかのう》をも可能《かのう》にと智慧《ちえ》を尽《つ》くすこと。それが「勇《ゆう》猛《みょう》」です。

「精進《しょうじん》」について、妙楽大師《みょうらくだいし》は、「無雑《むざつ》の故《ゆえ》に精《しょう》。無間《むけん》の故《ゆえ》に進《しん》」と記《しる》しています。余事《よじ》を交《まじ》えず、ただ一筋《ひとすじ》に進《すす》むのが「精進《しょうじん》」です。仏自身《ほとけじしん》が、いくつもの過去世《かこせ》で、「勇猛精進《ゆうみょうしょうじん》」して成仏《じょうぶつ》したと宣言《せんげん》されています。

そして、真実《しんじつ》の仏《ほとけ》の慈悲《じひ》の行動《こうどう》は、寿量品《じゅりょうほん》に「未曽暫廢《みぞうざんぱい》」〈注4〉とあるように、久遠以来《くおんいらい》、瞬時《しゅんじ》も弛《たゆ》むことはないというのです。

「いまだこりず候《そうろう》」が学会の精神《せいしん》

大聖人は、あらゆる大難《だいなん》を受《う》けながらも、生涯《しょうがい》、勇猛精進《ゆうみょうしょうじん》、未曽暫廃《みぞうざんぱい》の不撓《ふとう》不屈《ふくつ》の大闘争《だいとうそう》を貫《つらぬ》かれました。ただただ民衆《みんしゅう》の安穏《あんのん》と幸福《こうふく》のためです。これほどありがたい、大慈大悲《だいじだいひ》のお姿《すがた》はありません。

「曽谷殿御返事《そやどのごへんじ》」〈注5〉では、南無妙法蓮華経を釈尊《しゃくそん》から付嘱《ふぞく》された上行菩薩《じょうぎょうぼさつ》こそが末法《まっぽう》の衆生《しゅじょう》を救《すく》うことを踏《ふ》まえ、現実《げんじつ》に、この妙法を弘通《ぐつう》したのが大聖人にほかならないことを宣言《せんげん》されています。一方《いっぽう》で人々は、多《おお》くが悪知識《あくちしき》〈注6〉にたぶらかされて、法華経に敵対《てきたい》する僧《そう》に付《つ》いてしまっている。

したがって、大聖人は、釈尊《しゃくそん》とその教《おし》えをないがしろにして、万人成仏《ばんにんじょうぶつ》の仏法の根本精神《こんぽんせいしん》を忘《わす》れた諸宗《しょしゅう》の態度《たいど》を厳《きび》しく破折《はしゃく》されました。それは、どこまでも民衆《みんしゅう》の幸福《こうふく》を願《ねが》い、真実《しんじつ》を明《あき》らかにする大慈悲《だいじひ》の闘争《とうそう》です。ところが、「忠《ちゅう》言耳《げんみみ》に逆《さか》らう」との道理《どうり》のままに、大聖人は「流罪《るざい》せられ、命《いのち》にも及《およ》びし」とある通《とお》り、大難《だいなん》を受《う》けられたのです。

当時《とうじ》、四条金吾《しじょうきんご》・池上兄弟《いけがみきょうだい》・南条時光《なんじょうときみつ》をはじめ、多《おお》くの大聖人門下《もんか》が、信仰《しんこう》ゆえの試練《しれん》に直面《ちょくめん》していました。「いまだこ《懲》りず候《そうろう》」との仰《おお》せには、御自身《ごじしん》の断固《だんこ》たる覚悟《かくご》とともに、「わが弟子《でし》たちよ、断《だん》じて負《ま》けるな」との励《はげ》ましが込《こ》められていると拝《はい》されます。

戸田先生は、豊島公会堂《としまこうかいどう》で行《おこな》われた「一般講義《いっぱんこうぎ》」で、本抄《ほんしょう》を講義《こうぎ》されたことがありました。

拝読御文《はいどくごもん》の箇所《かしょ》で、先生は熱《ねつ》を込《こ》めて、「これだよ。〝いまだこりず候《そうろう》〟だよ」と参加者《さんかしゃ》に呼《よ》び掛《か》けました。皆《みな》、思《おも》わず身《み》を乗《の》り出《だ》して次《つぎ》の言葉《ことば》を待《ま》ちました。

先生は、力強《ちからづよ》く、こう語《かた》られたのです。

「私どもは、もったいなくも日蓮大聖人の仏子《ぶっし》である。地涌《じゆ》の菩薩《ぼさつ》である。なれば、わが創価学会の精神《せいしん》もここにある。

不肖《ふしょう》私も広宣流布のためには、〝いまだこりず候《そうろう》〟である。大聖人の御遺命《ごゆいめい》を果《は》たしゆくのだから、大難《だいなん》の連続《れんぞく》であることは、当然《とうぜん》、覚悟《かくご》しなければならない！　勇気《ゆうき》と忍耐《にんたい》をもつのだ」

その言葉《ことば》は、今《いま》も鮮烈《せんれつ》に耳朶《じだ》に響《ひび》いて離《はな》れません。

民衆《みんしゅう》を救《すく》い切《き》る情熱《じょうねつ》と覚悟《かくご》

この御書では、「法華経の敵《かたき》を見《み》ながら放置《ほうち》して責《せ》めなければ、師《し》も檀那《だんな》も共《とも》に無間地獄《むけんじごく》に堕《お》ちることは疑《うたが》いない」（新一四三五ジペー・全一〇五六ジペー、通解）とも仰《おお》せです。

民衆《みんしゅう》を不幸《ふこう》に陥《おとしい》れる「法華経の敵《かたき》」は断《だん》じて放置《ほうち》してはならない――。

大聖人は、立宗《りっしゅう》のその時《とき》から、悪《あく》と戦《たたか》えば必《かなら》ず迫害《はくがい》があるとの覚悟《かくご》に立《た》たれていました。すなわち、立宗《りっしゅう》を宣言《せんげん》される際《さい》、民衆《みんしゅう》のために妙法を唱《とな》え出《いだ》せば、必《かなら》ず大難《だいなん》を受《う》ける。しかし、それこそが、「六難九易《ろくなんくい》」〈注7〉をはじめとする法華経で示《しめ》された悪世末法《あくせまっぽう》の弘通《ぐつう》の方程式《ほうていしき》である――。このように、ひとえに思《おも》い切《き》られて、強靱《きょうじん》な魂《たましい》の闘争《とうそう》を開始《かいし》されたのです。

出発点《しゅっぱつてん》は、「今度《こんど》強盛《ごうじょう》の菩提心《ぼだいしん》をおこ《発》して退転《たいてん》せじと願《がん》じぬ」（新七〇ページ・全二〇〇ページ）との誓願《せいがん》です。創価の父《ちち》・牧口常三郎《つねさぶろう》先生が線《せん》を引《ひ》かれ、大切《たいせつ》にされていた御金言《ごきんげん》です。

不退《ふたい》の誓願《せいがん》とは、法華経の宝塔品《ほうとうほん》や勧持品《かんじほん》、不軽品《ふきょうほん》などで説《と》かれる、民衆《みんしゅう》を救《すく》わんとの悪世《あくせ》弘通《ぐつう》の菩薩《ぼさつ》の誓願《せいがん》です。

諸難《しょなん》を耐《た》え忍《しの》び、正義《せいぎ》を叫《さけ》び続《つづ》ける。ここに折伏精神《しゃくぶくせいしん》、破折精神《はしゃくせいしん》があります。その不屈《ふくつ》の実践《じっせん》で、人々の意識《いしき》を変《か》え、社会《しゃかい》を変《か》えていくのです。

大聖人は、弘教《ぐきょう》の第一歩《だいいっぽ》から、あらゆる大難《だいなん》や迫害《はくがい》が起《お》こることは全《すべ》て承知《しょうち》であられました。

「本《もと》より存知《ぞんち》の旨《むね》なり」（新一二二六ページ・全九一〇ページ）

「日蓮《にちれん》、一度《いちど》もしりぞ《退》く心《こころ》なし」（新一六三五ページ・全一二二四ページ）

「今《いま》に至《いた》るまで軍《いくさ》やむことなし」（新六〇〇ページ・全五〇二ページ）

「一時片時《ひとときかたとき》も心安《こころやす》きことなし」（新一八四八ページ・全一五一四ページ）

これが御本仏《ごほんぶつ》の崇高《すうこう》な御精神《ごせいしん》です。そして、一貫《いっかん》して門下《もんか》にも呼《よ》び掛《か》けられています。

「少《すこ》しもこれを驚《おどろ》くことなかれ」「権威《けんい》を恐《おそ》るることなかれ」（新八六六ページ・全一七七ページ）

「三類《さんるい》の敵人《てきじん》決定《けつじょう》せり」「今始《いまはじ》めて驚《おどろ》くべきにあらざるものをや」（新五九九ページ・全五〇一ページ）

「いよいよはり《張》あげ《上》てせむ《責》べし。たとい命《いのち》に及《およ》ぶとも、すこしもひる《怯》むことなかれ」（新一四八四ページ・全一〇九〇ページ）

「いかに強敵重《ごうてきかさ》なるとも、ゆめゆめ退《たい》する心《こころ》なかれ、恐《おそ》るる心《こころ》なかれ」（新六〇五ページ・全五〇四ページ）と。

もちろん、真《しん》の不惜身命《ふしゃくしんみょう》とは、決《けっ》して命《いのち》を軽《かろ》んずることではありません。どこまでも広宣流布のために、生《い》きて生《い》きて生《い》き抜《ぬ》くのが妙法の革命児《かくめいじ》です。

「しかれども」と精神《せいしん》の反転攻勢《はんてんこうせい》を

「しかれども、いまだこり《懲》ず候《そうろう》」——いかなる大難《だいなん》に直面《ちょくめん》したとしても、「しかれども」と、ひるまず、決然《けつぜん》と反転攻勢《はんてんこうせい》の魂《たましい》の叫《さけ》びをあげていくのです。御《ご》聖訓《せいくん》の通《とお》り、「それでもなお」「一歩《いっぽ》も退《ひ》くものか」と挑《いど》み続《つづ》ける。これが、先《せん》師《し》・牧口先生、恩師《おんし》・戸田先生から教《おそ》わった学会精神《せいしん》です。

自身《じしん》の宿命転換《しゅくめいてんかん》においても変《か》わりません。競《きそ》い起《お》こる三障四魔《さんしょうしま》の本質《ほんしつ》を見破《みやぶ》り、魔《ま》に従《したが》わず、魔《ま》を恐《おそ》れず、題目の師子吼《ししく》で敢然《かんぜん》と立《た》ち向《む》かうのです。そうであってこそ、転重軽受《てんじゅうきょうじゅ》のドラマが生《う》まれ、変毒為薬《へんどくいやく》の勝利《しょうり》の人生《じんせい》が開《ひら》かれる。このことは、草創以来《そうそういらい》、無数《むすう》の学会員が証明《しょうめい》してきたことです。

仏法の実践《じっせん》にあっては、時《とき》に、不軽菩薩《ふきょうぼさつ》〈注8〉が杖《つえ》や投石《とうせき》の及《およ》ばない場所《ばしょ》へ走《はし》り、避《さ》けたように、賢明《けんめい》で柔軟《じゅうなん》な姿勢《しせい》が肝要《かんよう》となる場合《ばあい》もあります。

ただ、不軽《ふきょう》が危険《きけん》な相手《あいて》から離《はな》れても、その相手《あいて》に向《む》かって大声《おおごえ》で「二十四《にじゅうよん》文字《もじ》の法華経」を高《たか》らかに叫《さけ》んだ如《ごと》く、万人成仏《ばんにんじょうぶつ》への揺《ゆ》るぎない確信《かくしん》と不退《ふたい》の信念《しんねん》こそが、民衆救済《みんしゅうきゅうさい》の菩薩《ぼさつ》の真髄《しんずい》です。最後《さいご》まであきらめない。勝利《しょうり》するまで屈《くっ》しない。必《かなら》ず民衆《みんしゅう》の凱歌《がいか》の城《しろ》を築《きず》いてみせる。この信念《しんねん》で、自身《じしん》の使命《しめい》を果《は》たし抜《ぬ》いていくのです。

地涌《じゆ》の菩薩《ぼさつ》は、この不退《ふたい》の精神闘争《せいしんとうそう》を決定《けつじょう》して、悪世《あくせ》に勇《いさ》んで生《う》まれてきた誉《ほま》れの闘士《とうし》です。広宣流布へ前進《ぜんしん》する生命《せいめい》は、必《かなら》ず自身《じしん》の久遠《くおん》の誓願《せいがん》に目覚《めざ》めることができる。その鍵《かぎ》が師弟《してい》です。師匠《ししょう》の誓願《せいがん》に心《こころ》を合《あ》わせれば、自身《じしん》の根《こん》源《げん》の使命感《しめいかん》が生命《せいめい》の奥底《おうてい》から涌現《ゆげん》するのです。

大聖人の不屈《ふくつ》の大闘争《だいとうそう》に連《つら》なり、広布に進《すす》む同志《どうし》は、数多《かずおお》くの難《なん》や迫害《はくがい》にも負《ま》けず、まさしく「師弟不二《していふに》の信心」「異体同心《いたいどうしん》の団結《だんけつ》」で立《た》ち向《む》かい、勝《か》ち越《こ》えてきました。

本抄《ほんしょう》で大聖人は、「いまだこりず候《そうろう》」と宣言《せんげん》された後《あと》、下種《げしゅ》の法門《ほうもん》を示《しめ》されています。

「法華経《ほけきょう》は種《たね》のごとく、仏《ほとけ》はうえて《植手》のごとく、衆生《しゅじょう》は田《た》のごとくなり」

衆生《しゅじょう》の生命《せいめい》という田《た》に、法華経の種《たね》を植《う》えることで、衆生《しゅじょう》の仏性《ぶっしょう》は触発《しょくはつ》されます。この仏《ほとけ》の民衆救済《みんしゅうきゅうさい》の下種《げしゅ》に直結《ちょっけつ》し、「いまだこり《懲》ず」と決定《けつじょう》して、尊《とうと》い仏縁《ぶつえん》を無数《むすう》に結《むす》び続《つづ》けていくのが、私たちの対話運動《たいわうんどう》なのです。

「信心だけは、悔《く》いがない」

恩師《おんし》は、社会《しゃかい》は複雑《ふくざつ》であり、あまりにも矛盾《むじゅん》が多《おお》いとされた上《うえ》で、こう言《い》われました。

「その中《なか》で、大聖人の仏法だけは、人間の根本的《こんぽんてき》な宿命転換《しゅくめいてんかん》の方途《ほうと》を示《しめ》されている。常楽我浄《じょうらくがじょう》〈注9〉と、永遠《えいえん》の所願満足《しょがんまんぞく》への軌道《きどう》を教《おし》えてくださっている。これ以上《いじょう》の究極《きゅうきょく》の人生《じんせい》の道《みち》はない。だから信心だけは命《いのち》をかけてやって悔《く》いがないのだ」と。

ここに、私たちが立正安国《りっしょうあんこく》の闘争《とうそう》を進《すす》めるゆえんがあります。仏法は、この濁世《じょくせ》にあって一人一人が自身《じしん》の境涯《きょうがい》を高《たか》めながら、確《たし》かなる幸福《こうふく》を築《きず》き、社会《しゃかい》の安穏《あんのん》と繁栄《はんえい》へ貢献《こうけん》していくための〝法《ほう》〟です。私たちが不退《ふたい》の実践《じっせん》を貫《つらぬ》き、地涌《じゆ》の連帯《れんたい》を広《ひろ》げていく限《かぎ》り、平和《へいわ》の楽土《らくど》の建設《けんせつ》へ、間違《まちが》いなく一歩《いっぽ》ずつ近《ちか》づいていくのです。

どこまでも「いまだこりず候《そうろう》」（懲）の決意《けつい》に立《た》ち、生涯《しょうがい》不退《ふたい》の心《こころ》で広布の大道《だいどう》に邁進《まいしん》していきたい。この御金言《ごきんげん》は学会精神《せいしん》の真髄《しんずい》です。

立正安国論《りっしょうあんこくろん》

御文　（新三六㌻・全二六㌻）

予《よ》、少量《しょうりょう》たりといえども、忝《かたじけな》くも大乗《だいじょう》を学《がく》す。蒼蠅《そうよう》、驥尾《きび》に附《ふ》して万里《ばんり》を渡《わた》り、碧蘿《へきら》、松頭《しょうとう》に懸《か》かって千尋《せんじん》を延《の》ぶ。弟《で》子《し》、一仏《いちぶつ》の子《こ》と生《う》まれて、諸経《しょきょう》の王《おう》に事《つか》う。何《なん》ぞ仏法《ぶっぽう》の衰微《すいび》を見《み》て心情《しんじょう》の哀惜《あいせき》を起《お》こさざらんや。

現代語訳

私〈＝主人《しゅじん》〉は（あなた〈＝旅客《りょきゃく》〉が言《い》われるように）取《と》るに足《た》りない身《み》ではあるけれども、かたじけなくも大乗《だいじょう》の教《おし》えを学《まな》んでいる。青《あお》バエは驥《き》（一日に千里《り》を走《はし》るという名馬《めいば》）の尾《お》に付《つ》いて万里《ばんり》を渡《わた》り、緑《みどり》のツル草《くさ》は松《まつ》の枝先《えださき》に掛《か》かって千尋《せんじん》まで伸《の》びることができる。仏弟子《ぶつでし》である私は、唯一《ゆいいつ》の仏《ほとけ》（である釈尊《しゃくそん》）の子《こ》として生《う》まれて、諸経《しょきょう》の王《おう》である法華経に仕《つか》えている。どうして仏法が衰微《すいび》するのを見《み》て、哀惜《あいせき》の心情《しんじょう》を起《お》こさないでいられるだろうか。

諸経《しょきょう》の王《おう》・法華経を持《たも》つ誇《ほこ》り

続《つづ》いて拝《はい》するのは「立正安国論《りっしょうあんこくろん》」〈注10〉の有名《ゆうめい》な一節《いっせつ》です。「立正安国論《りっしょうあんこくろん》」は、ご存《ぞん》じのように、客《きゃく》と主人《しゅじん》との問答形式《もんどうけいしき》で論《ろん》が運《はこ》ばれていきます。

そのなかで、反発《はんぱつ》して席《せき》を立《た》とうとした客《きゃく》に対《たい》して、主人《しゅじん》が笑《え》み、引《ひ》き留《と》めた後《のち》に諄々《じゅんじゅん》と法《ほう》を説《と》いていく場面《ばめん》があります。それでも主人《しゅじん》の言葉《ことば》に反発《はんぱつ》する客《きゃく》は、「汝《なんじ》、賤《いや》しき身《み》をもってたやすく莠言《ゆうげん》を吐《は》く」（新三六ジペー・全二六ジペー）――〝賤《いや》しい身分《みぶん》で「たわ言《ごと》」を吐《は》いている〟と言《い》い放《はな》つ。正義《せいぎ》の賢者《けんじゃ》を見下《みくだ》そうとする傲《おご》りの本性《ほんしょう》です。御文《ごもん》は、これに対《たい》する主人《しゅじん》の慈愛《じあい》の言葉《ことば》です。

〝私自身《じしん》は取《と》るに足《た》りない存在《そんざい》だが、ありがたいことに大乗仏教《だいじょうぶっきょう》を学《まな》んでいる〟と。

いわば一介《いっかい》の小《ちい》さな人間も、偉大《いだい》な法《ほう》を持《たも》ち、偉大《いだい》な使命《しめい》に生《い》き抜《ぬ》く中《なか》で、自《みずか》らをどこまでも向上《こうじょう》させ、壮大《そうだい》な人生《じんせい》を歩《あゆ》んでいくことができる。続《つづ》いて、青《あお》バエやツル草《くさ》の譬《たと》えを通《とお》して、その人の身分《みぶん》や立場《たちば》でなく、その人が、いかなる教《おし》え、いかなる思想《しそう》を持《も》っているかを判断基準《はんだんきじゅん》にすべきであると毅然《きぜん》と教《おし》えられています。

「諸経《しょきょう》の王《おう》」である法華経を持《たも》つ誇《ほこ》りが、いかに無上最高《むじょうさいこう》であるか。まさしく「法妙《ほうみょう》なるが故《ゆえ》に人貴《にんたっと》し」（新一九二四ページ・全一五七八ページ）であり、「持《たも》たるる法《ほう》だに第一《だいいち》ならば、持《たも》つ人随《ひとしたが》って第一《だいいち》なるべし」（新五一六ページ・全四六五ページ）です。

さらに言《い》えば、偉大《いだい》な法《ほう》の実践《じっせん》に必要《ひつよう》なのは、法《ほう》を教《おし》え、正《ただ》しく仏道《ぶつどう》に導《みちび》いてくれる師匠《ししょう》や、共《とも》に修行《しゅぎょう》し励《はげ》ましてくれる同志《どうし》など、「善知識《ぜんちしき》」〈注11〉の存在《ざい》です。最高《さいこう》の善知識《ぜんちしき》の集団《しゅうだん》である学会の組織《そしき》で切磋琢磨《せっさたくま》することこそ、自身《じしん》の境涯《きょうがい》を開《ひら》き、人間革命、宿命転換《しゅくめいてんかん》していく上《うえ》で最《もっと》も重要《じゅうよう》なのです。

仏勅《ぶっちょく》の学会と生《い》き抜《ぬ》く喜《よろこ》び

学会には、この「立正安国論《りっしょうあんこくろん》」の御金言《ごきんげん》を心《こころ》に刻《きざ》んでいる同志《どうし》が大勢《おおぜい》います。

最初《さいしょ》は自身《じしん》の悩《なや》みや苦《くる》しみに翻弄《ほんろう》されていた自分《じぶん》が、偉大《いだい》なる法《ほう》を持《たも》ち、学会と共《とも》に、同志《どうし》と共《とも》に生《い》き抜《ぬ》く中《なか》で、いつしか思《おも》ってもみなかった大境涯《だいきょうがい》を満《まん》喫《きつ》している。

「立正安国論《りっしょうあんこくろん》」のこの一節《いっせつ》は、広宣流布の大願《だいがん》に連《つら》なり、仏意仏勅《ぶついぶっちょく》の学会と共《とも》に生《い》き抜《ぬ》く学会員の実感《じっかん》であり、自他共《じたとも》の幸福《こうふく》を実現《じつげん》してきた大歓喜《だいかんき》を表《あらわ》しているともいえるでしょう。

仏法を守《まも》るため立《た》ち上《あ》がる

大聖人は、ここで「大乗《だいじょう》を学《がく》す」と仰《おお》せです。大乗仏教《だいじょうぶっきょう》の特徴《とくちょう》の一つは、民《みん》衆《しゅう》を救《すく》う菩薩《ぼさつ》の実践《じっせん》にあります。その精髄《せいずい》が、万人成仏《ばんにんじょうぶつ》と地涌出現《じゆしゅつげん》の法理《ほうり》を説《と》いた法華経です。

「弟子《でし》、一仏《いちぶつ》の子《こ》」、すなわち、仏弟子《ぶつでし》の一人として、「諸経《しょきょう》の王《おう》」たる法華経を信《しん》ずる身《み》となったということです。

主人《しゅじん》と客《きゃく》の問答《もんどう》で、主人《しゅじん》が〝自分《じぶん》も仏法を探究《たんきゅう》する一人である〟との立場《たちば》で語《かた》っていることは深《ふか》い意味《いみ》が拝《はい》せます。「客来《きゃくきた》って共《とも》に嘆《なげ》く。しばしば談話《だんわ》を致《いた》さん」（新二五㌻・全一七㌻）から始《はじ》まる立正安国《りっしょうあんこく》の対話《たいわ》は、一貫《いっかん》して主人《しゅじん》は客《きゃく》と同《おな》じ目線《めせん》で話《はな》し、経典《きょうてん》や道理《どうり》を尽《つ》くして、客《きゃく》の仏法理解《りかい》を正《ただ》しくしようと努《つと》め、最後《さいご》は、自行化他《じぎょうけた》の正《ただ》しい実践《じっせん》を促《うなが》しています。ここに仏法対話《たいわ》の妙味《みょうみ》があります。

自分《じぶん》も仏弟子《ぶつでし》の一人として、共《とも》に仏法を学《まな》び、語《かた》り、実践《じっせん》していこうと呼《よ》び掛《か》けていく。

まさに対話《たいわ》とは、道理《どうり》の探究《たんきゅう》であり、人の振《ふ》る舞《ま》いの共鳴《きょうめい》です。その根底《こんてい》に、目《め》の前《まえ》の人になんとしても真実《しんじつ》を伝《つた》え、幸福《こうふく》になってほしいとの慈悲《じひ》がある。そこから勇気《ゆうき》が生《う》まれ、智慧《ちえ》が湧《わ》くのです。主人《しゅじん》の粘《ねば》り強《づよ》い対話《たいわ》には、何《なん》としても救《すく》わずにおくものかという不動《ふどう》の信念《しんねん》が漲《みなぎ》っています。

なかんずく、ここで主人《しゅじん》が自身《じしん》の真情《しんじょう》を吐露《とろ》している一節《いっせつ》が、大事《だいじ》です。

「何《なん》ぞ仏法《ぶっぽう》の衰微《すいび》を見《み》て心情《しんじょう》の哀惜《あいせき》を起《お》こさざらんや」

大乗仏教《だいじょうぶっきょう》を学《まな》ぶ仏弟子《ぶつでし》の一人として、正法《しょうほう》が誹謗《ひぼう》され、邪義《じゃぎ》が充満《じゅうまん》し、仏法そのものがないがしろにされている現状《げんじょう》に、どうして哀惜《あいせき》の心情《しんじょう》を起《お》こさないでおれようかと示《しめ》されています。

こうした主人《しゅじん》の言々句々《げんげんくく》には、どこまでも仏法を守護《しゅご》せんとの護法《ごほう》の魂《たましい》があるのです。

私たちでいえば、全《すべ》ての活動《かつどう》の奥底《おうてい》に妙法流布《るふ》への不動《ふどう》の一念《いちねん》がある、ということです。

どの世界《せかい》でも、信念《しんねん》を貫《つらぬ》き通《とお》してこそ、偉大《いだい》な仕事《しごと》ができ、実績《じっせき》を築《きず》くことができます。根本《こんぽん》の一念《いちねん》をどこに置《お》くか、ということです。未聞《みもん》の広宣流布を成《な》し遂《と》げようとする私たちは、移《うつ》ろいゆく六道《ろくどう》の毀誉褒貶《きよほうへん》の世界《せかい》を悠々《ゆうゆう》と見下《みお》ろしながら、仏界《ぶっかい》・菩薩界《ぼさつかい》の大境涯《だいきょうがい》で威風堂々《いふうどうどう》と前進《ぜんしん》していきたい。

どこまでも誓願《せいがん》の菩薩行《ぼさつぎょう》を貫《つらぬ》く慈愛《じあい》の対話《たいわ》こそ、自他共《じたとも》の境涯《きょうがい》を根底《こんてい》から高《たか》める王道《おうどう》です。

戸田先生は、「学会は、大聖人の御命令通《ごめいれいどお》りに戦《たたか》うのだ。広宣流布の御遺命《ごゆいめい》を、我々《われわれ》の手《て》で成《な》し遂《と》げるとの決心《けっしん》で、すべての大闘争《だいとうそう》に勝《か》ち抜《ぬ》いていくのだ」と語《かた》られていました。

創価学会は「大聖人直結《ちょっけつ》」「御書根本《こんぽん》」であり、「祈《いの》りとしてかなわざるなし」の信心をもって一切《いっさい》に勝利《しょうり》し、前進《ぜんしん》してきたのです。

平和《へいわ》の種《たね》を蒔《ま》く尊《とうと》い一生《いっしょう》を

最後《さいご》に、SGI結成《けっせい》の時《とき》、私が尊《とうと》き地涌《じゆ》の宝友《ほうゆう》たちと誓《ちか》い合《あ》った一点《いってん》をあらためて確認《かくにん》したい。

「ともかく地平線《ちへいせん》の彼方《かなた》に、大聖人の仏法の太陽が、昇《のぼ》り始《はじ》めました。皆《みな》さん方《がた》は、どうか、自分自身《じぶんじしん》が花《はな》を咲《さ》かせようという気持《きも》ちでなくして、全世界《ぜんせかい》に妙法という平和《へいわ》の種《たね》を蒔《ま》いて、その尊《とうと》い一生《いっしょう》を終《お》わってください。私もそうします」

壮大《そうだい》な末法万年《まっぽうまんねん》という次元《じげん》から見《み》れば、まだまだ草創期《そうそうき》です。地涌《じゆ》の誓願《せいがん》に立《た》ち、どこまでも一人の仏弟子《ぶつでし》として「法《ほう》」を根幹《こんかん》とした「立正安国《りっしょうあんこく》の対話《たいわ》」に共々《ともども》に粘《ねば》り強《づよ》く挑戦《ちょうせん》していきたい。その積《つ》み重《かさ》ねが、世界中《せかいじゅう》に平和《へいわ》の種《たね》を蒔《ま》き、平和《へいわ》の芽《め》を育《はぐ》み、やがては平和《へいわ》の大樹《たいじゅ》を林立《りんりつ》させることは間違《まちが》いありません。

きょう、この一日を大切《たいせつ》に

アルゼンチンの人権《じんけん》の闘士《とうし》エスキベル博士〈注12〉は青年に言《い》われました。

「きょう、種《たね》を蒔《ま》く勇気《ゆうき》を持《も》て！」

我《われ》らは不屈《ふくつ》の大勇猛心《だいゆうみょうしん》を燃《も》やし、きょうも、心《こころ》と心《こころ》を結《むす》ぶ対話《たいわ》を、たゆみなき妙法弘通《ぐつう》の歩《あゆ》みを続《つづ》けていきましょう！

遥《はる》かなる世界《せかい》広布の峰《みね》を目指《めざ》し、学会と共《とも》に、同志《どうし》と共《とも》に、「いまだこりず候《そうろう》」と勝利《しょうり》の道《みち》を朗《ほが》らかに！

［注　解］

〈注1〉【クーデンホーフ=カレルギー伯爵《はくしゃく》】リヒャルト・クーデンホーフ=カレルギー。一八九四年～一九七二年。オーストリアの政治学者《せいじがくしゃ》。「汎《はん》ヨーロッパ運動《うんどう》」に挺身《ていしん》し、欧州連合《おうしゅうれんごう》の創設《そうせつ》に影響《えいきょう》を与《あた》えた。池田先生との対談集《たいだんしゅう》『文明《ぶんめい》・西《にし》と東《ひがし》』（『池田大作全集』第102巻所収）がある。

〈注2〉【トインビー博士】本書三〇ジペー参照《さんしょう》。

〈注3〉【勇猛精進《ゆうみょうしょうじん》】勇《いさ》んで行動《こうどう》し、智慧《ちえ》を尽《つ》くして仏道修行《ぶつどうしゅぎょう》に励《はげ》むこと。勇猛《ゆうみょう》は、「ゆみょう」とも読む。法華経方便品第二《ほうべんぼんだいに》に「仏《ほとけ》は曾《かつ》て百千万億無数《ひゃくせんまんのくむしゅ》の諸仏《しょぶつ》に親近《しんごん》し、尽《ことごと》く諸仏《しょぶつ》の無量《むりょう》の道法《どうほう》を行《ぎょう》じ、勇猛精進《ゆみょうしょうじん》して、名称《みょうしょう》は普《あまね》く聞《き》こえ、甚深未曽有《じんじんみぞうう》の法《ほう》を成就《じょうじゅ》して」（法華経一〇六ジペー）とある。

〈注4〉【未曽暫廃《みぞうざんぱい》】「みぞうざんはい」とも読《よ》む。久遠実成《くおんじつじょう》という本地《ほんじ》を明《あ》かした釈尊《しゃくそん》が、人々を救《すく》う行動《こうどう》を、いまだかつて、しばらくの間《あいだ》もおろそかにすることがなかった、と述《の》べた言葉《ことば》。法華経如来寿量品第十六《にょらいじゅりょうほんだい》に「作《な》す所《ところ》の仏事《ぶつじ》は、未《いま》だ曽《かつ》て暫《しばら》くも癈《はい》せず」（法華経四八二ジペー）とある。

〈注5〉【曽谷殿御返事《そやどのごへんじ》】建治《けんじ》二年（一二七六年）八月三日、日蓮大聖人が曽谷殿《そやどの》に与《あた》えられた一《いっ》書《しょ》。別名《べつめい》は「成仏用心抄《じょうぶつようじんしょう》」。宛名《あてな》の「曽谷殿《そやどの》」とは、曽谷教信《そやきょうしん》か、もしくは一族《いちぞく》の者《もの》。南無妙法蓮華経を成仏《じょうぶつ》の種子《しゅし》として、また、正《ただ》しい師匠《ししょう》を選《えら》び、仏果《ぶっか》を成就《じょうじゅ》すべきであると仏《ぶつ》道修行《どうしゅぎょう》の肝要《かんよう》を示《しめ》されている。

〈注6〉【悪知識《あくちしき》】誤《あやま》った教《おし》えを説《と》いて人々を迷《まよ》わせ、仏道修行《ぶつどうしゅぎょう》を妨《さまた》げたり不幸《ふこう》に陥《おとしい》れたりする悪《あく》僧《そう》・悪人《あくにん》のこと。善知識《ぜんちしき》に対《たい》する言葉《ことば》。「知識《ちしき》」とは、友人《ゆうじん》・仲間《なかま》のこと。

〈注7〉【六難九易《ろくなんくい》】法華経見宝塔品第《けんほうとうほんだい》十一で、釈尊滅後《しゃくそんめつご》における法華経を受持《じゅじ》し弘通《ぐつう》する困難《こんなん》さを六つ挙《あ》げ、その困難《こんなん》さを示《しめ》すために九つの難事《なんじ》を、むしろ易《やさ》しいこととして示《しめ》されている（法華経三九〇㌻～）。

〈注8〉【不軽菩薩《ふきょうぼさつ》】本書八〇㌻参照《さんしょう》。

〈注9〉【常楽我浄《じょうらくがじょう》】仏《ほとけ》の生命《せいめい》に具《そな》わる徳目《とくもく》。常《じょう》とは、仏《ほとけ》が完全《かんぜん》な永遠性《えいえんせい》を実現《じつげん》していること。楽《らく》とは、完全《かんぜん》な安楽《あんらく》。我《が》とは、完全《かんぜん》な主体性《しゅたいせい》。浄《じょう》とは、完全《かんぜん》な清《きよ》らかさをいう。

〈注10〉【立正安国論《りっしょうあんこくろん》】文応元年《ぶんおうがんねん》（一二六〇年）七月十六日、時《とき》の実質的《じっしつてき》な最高権力者《さいこうけんりょくしゃ》・北条時頼《ほうじょうときより》に提出《ていしゅつ》された諫暁《かんぎょう》の書《しょ》。客《きゃく》（北条時頼《ほうじょうときより》を想定《そうてい》）と主人《しゅじん》（日蓮大聖人を想定《そうてい》）との十問《もん》九答《とう》で構成《こうせい》されている。正法《しょうほう》に帰依《きえ》しなければ三災七難《さんさいしちなん》のうち、残《のこ》る「自界叛逆難《じかいほんぎゃくなん》（内乱《ないらん》）」と「他国侵逼難《たこくしんぴつなん》（外国《がいこく》からの侵略《しんりゃく》）」が起《お》こると予言《よげん》した。

〈注11〉【善知識《ぜんちしき》】正直《しょうじき》・有徳《うとく》の友人《ゆうじん》。悪知識《あくちしき》に対《たい》する語《ご》。人を仏道《ぶつどう》に導《みちび》き入《い》れる者《もの》のこと。仏法を教《おし》える師匠《ししょう》や、共《とも》に仏道修行《ぶつどうしゅぎょう》に励《はげ》む仲間《なかま》、同志《どうし》を指《さ》す。

〈注12〉【エスキベル博士】アドルフォ・ペレス＝エスキベル。一九三一年〜。アルゼンチンの平《へい》和運動家《わうんどうか》。ラテンアメリカの軍政下《ぐんせいか》における人権擁護《じんけんようご》と貧困層《ひんこんそう》の救済《きゅうさい》を目指《めざ》す中《なか》、一九七七年、逮捕《たいほ》され、十四カ月の獄中闘争《ごくちゅうとうそう》を続《つづ》けた。一九八〇年、ノーベル平和賞受賞《へいわしょうじゅしょう》。池田先生との対談集《たいだんしゅう》に『人権《じんけん》の世紀《せいき》へのメッセージ』（東洋哲学研究所）がある。

池田大作（いけだ・だいさく）

1928年～2023年。東京生まれ。創価学会第三代会長、名誉会長、創価学会インタナショナル（SGI）会長を歴任。創価大学、アメリカ創価大学、創価学園、民主音楽協会、東京富士美術館、東洋哲学研究所、戸田記念国際平和研究所などを創立。世界各国の識者と対話を重ね、平和、文化、教育運動を推進。国連平和賞のほか、モスクワ大学、グラスゴー大学、デンバー大学、北京大学など、世界の大学・学術機関の名誉博士、名誉教授、さらに桂冠詩人・世界民衆詩人の称号、世界桂冠詩人賞、世界平和詩人賞など多数受賞。

著書は『人間革命』（全12巻）、『新・人間革命』（全30巻）など小説のほか、対談集も『二十一世紀への対話』（A・J・トインビー）、『二十世紀の精神の教訓』（M・ゴルバチョフ）、『平和の哲学　寛容の智慧』（A・ワヒド）、『地球対談　輝く女性の世紀へ』（H・ヘンダーソン）など多数。

広布共戦の師弟旅

発行日　二〇二三年十一月十八日
第2刷　二〇二四年　四月二十五日

著　者　池田大作
発行者　小島和哉
発行所　聖教新聞社
〒一六〇―八〇七〇　東京都新宿区信濃町七
電話　〇三―三三五三―六一一一（代表）

印刷・製本　TOPPAN株式会社

定価は表紙に表示してあります

ISBN978-4-412-01703-0